LES TEMPLES DU JAPON

ALBERT MAYBON

LES TEMPLES DU JAPON

ARCHITECTURE ET SCULPTURE

E. DE BOCCARD, Editeur
1, RUE DE MÉDICIS
PARIS (VIe)

Fig. 1. — Le Kondô de Hôryûji, début VIIe Siècle.

AVANT-PROPOS

« Nous approchons de Nara, voici la colline des « Jeunes Herbes », dit mon ami japonais dont la voix tremble... Le nom de Nara dans l'âme d'un Japonais bien né rend le même son que les syllabes d'Avignon, d'Arles, de Nîmes dans la conscience d'un Français méditerranéen...

Toutes les villes d'art du monde ont des traits communs. Ici, j'ai l'illusion d'une reconnaissance. N'est-ce point le va-et-vient du voisinage des grands parvis, des sanctuaires de l'Humanité religieuse ?... L'entrée spacieuse de l'hôtel où nous sommes attendus est flanquée d'un étalage de moulages, de morceaux de sculpture. Publicité de bon aloi, adroitement suggestive ! En voici l'auteur, un hôtelier, petit, épais, bedonnant dans un kimono serré ; il se prosterne, le visage éclairé du sourire de la bienvenue. Tourné vers moi, l'étranger, il louange sa cité, les merveilles de l'Histoire... En quel pèlerinage d'Europe ai-je rencontré le pareil de cet homme, habile à farcir de connaissances érudites l'éloge de sa ville ? Mais celui-ci est sans égal pour le zèle professionnel ; il a d'autorité disposé de nos personnes ; il dresse heure par heure, point par point, le programme de nos visites aux monuments et aux temples. On le laisse aller, parce que tout sous son toit nous sourit, êtres et choses, et qu'un accueil de bon goût nous incline à l'indulgence.

Bientôt, étendus sur les nattes immaculées d'une chambre de repos, nous goûtons ce bien-être physique qui rend l'esprit dispos. L'idée que demain nous parcourons l'emplacement de l'ancienne Nara nous donne quelque fièvre. Et longtemps dans la soirée, sous la protection de nos moustiquaires couleur vert d'eau, nous nous entretenons du grand Shôtoku-taïshi, dont le clair génie, à la fin du vɪe siècle de notre ère, pénétra le sens de la civilisation chinoise.

— Nous sommes fiers de nos origines ! Temples et statues célèbrent la mémoire de nos ancêtres, — les dieux et les génies de la nation et les demi-dieux du Bouddhisme. Un Européen me disait qu'il y avait là de l'ostentation. Peut-être vous-même...

— Je n'oserais !... Mais je suis ravi... Vous venez de me révéler le sentiment qui a fait de vous un peuple d'architectes et de statuaires.

Rien cependant ne trahit ce sentiment d'orgueil national. Beaucoup de ces temples paraissent, au contraire, discrets, modestes. On passerait à côté, si l'on n'était prévenu, sans les voir. Ils ont l'effacement, la réserve du cénobite. D'autres se pressent dans des enclos comme un troupeau docile. Les plus fiers se laissent deviner du premier coup d'œil.

Cette architecture reflète les qualités de naturel, de simplicité, de franchise, d'obéissance, de discipline de ce peuple. Et la statuaire dit son âme attentive, recueillie, vite émue, son âme humaine.

C'est à travers l'histoire des sectes bouddhiques nippones que l'on pourrait le mieux suivre le développement de l'architecture et de la sculpture sacrées au Japon.

Mais il faudrait au préalable considérer l'esprit shintô, élément ethnique modificateur de toutes les conceptions religieuses, philosophiques et artistiques empruntées aux civilisations continentales.

Cette étude, simple assemblage de notes, la plupart prises sur place, d'où ont été écartées toute description de couleur littéraire, toute impression trop personnelle, se présente comme un essai d'application, sous une forme sommaire, de cette méthode.

Fig. 2. — Entrée du temple shintoïque Kasuga
à Nara, époque Fujiwara.

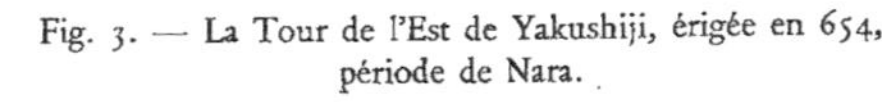

Fig. 3. — La Tour de l'Est de Yakushiji, érigée en 654,
période de Nara.

I

SHINTOÏSME ET BOUDDHISME

I

La mythologie shintoïque offre un monde d'images lumineuses, fraîches et naïves, elle fait éclore mille légendes gracieuses où l'on voit l'homme vivre familièrement dans la société des animaux, des plantes et des choses.

Izanagi et Izanami, seizièmes descendants du dieu immobile au centre de l'univers, sont les créateurs du Japon. Le premier plongea l'extrémité de sa pique dans un liquide boueux ; l'ayant retirée, des gouttes tombèrent et ce fut la première île. Là le couple s'unit, une bergeronnette l'initia à l'amour, et Izanami, fécondée par son frère, donna naissance à huit grandes îles, puis aux dieux de l'eau, du vent, des arbres, des montagnes, des rivières, du tonnerre et de la pluie... Elle mourut en mettant au monde le dieu du feu.

Dans la région des Ombres, Izanagi suppliait son épouse de reprendre la vie commune, mais, à la vue du corps déjà flétri, il s'enfuit épouvanté. Dans une pensée de purification, il entra dans la rivière et de chaque partie de son corps naquirent des déités. La déesse Amaterasu fut issue de l'œil gauche ; elle reçut en partage la « plaine du haut ciel », c'est-à-dire le Japon.

Elle apprenait à ses sujets la culture du riz, le tissage des étoffes, lorsque, pour fuir les brutalités de son frère, le dieu de la terre, elle se cacha dans une caverne. Aussitôt le monde fut plongé dans les ténèbres. Les dieux émus s'assemblèrent pour aviser au moyen de faire sortir la déesse de sa cachette : l'un fabriqua un miroir, l'autre un joyau, un troisième une banderole de chanvre, le tout fut suspendu à la branche d'un arbre, tandis qu'une déesse, presque entièrement dévêtue, dansait au son d'une bruyante musique. Amaterasu, cédant à la curiosité, réapparut, le monde retrouva la lumière.

Plus tard la déesse du soleil remit à son petit-fils, qui fut le bisaïeul de Jimmu, premier empereur du Japon, les trois symboles de la puissance impériale : la pierre précieuse (bonté), le miroir (sagesse), l'épée (courage).

Dans cette mythologie, l'idée de création est absente. L'univers n'est pas sorti du néant. Tout, absolument tout est né du divin couple par une sorte de procréation naturelle. L'explication shintoïque du monde est réaliste et vraie, simple et familière. Nulle séparation entre les déités et les êtres terrestres, ils sont dans une mutuelle dépendance. « Nous voyons Dieu partout ».

L'objet du culte est ce qui impressionne directement les sens : le soleil, le ciel, la montagne... On adore la chose elle-même, mais aussi l'esprit incorporé dans la chose. Aucune distinction n'est faite entre le dieu du feu, par exemple, et le feu lui-même. L'animisme est à la base du shintoïsme et aussi le fétichisme.

Les esprits, les déités (les *kamis*) peuplent la terre du Japon. « Des huit cents myriades », suivant une expression commune. Certains génies empruntent le corps des animaux, et le singe, le pigeon, le renard, le héron, la tortue, le corbeau sont des « messagers divins ». Le renard est le plus populaire de ces intermédiaires entre les hommes et les dieux. Innombrables sont les temples qui lui sont élevés.

Les êtres divins animent la nature entière. Le culte qui leur est rendu est joyeux. On l'observe sous sa forme originelle dans les divertissements agrestes, aux fêtes de l'automne, de la nouvelle récolte, de l'abondante moisson... Une sorte de banquet réunit les hommes et les dieux quand les prémices des rizières sont offertes à ceux-ci.

On prie les dieux aussi au seuil des temples shintô qui dressent leur architecture primitive, dépouillée d'ornementation, dans un site choisi, en un lieu sacré.

Le temple sort de la forêt : les mots *jinsha* et *mori*, temple et forêt, sont synonymes dans l'ancienne langue ; il provient aussi de l'enceinte du tombeau primitif.

Le fidèle ne pénètre pas dans le sanctuaire qui contient l'objet où repose l'âme de la divinité ; il fait ses offrandes de riz, de poissons et de fruits, agenouillé sous des portiques rouges reliés par des guirlandes de paille et de papier blanc, image de la corde que le dieu tendit pour empêcher Amaterasu de rentrer dans sa caverne.

Dans cette nature où, à chaque pas, se décèle la présence des dieux, l'homme éprouve le besoin de purifier son corps. Cette notion de pureté est à la base de

Fig. 4. — Le torï du temple shintoïque de Miyajima, époque Fujiwara.

Fig. 5. — La chapelle Hokkedô ou Sangatsudô à Nara ; époque Tempyô, VIIIᵉ Siècle.

l'enseignement shintoïque. Deux moyens de purification sont recommandés : l'ablution et les spectacles joyeux (pantomime), la participation aux réjouissances (danses). En plongeant son corps dans l'eau, on chasse les mauvais désirs, on dispose l'esprit à entendre les conseils de la justice et du droit. En assistant aux divertissements, on se fait une âme simple et sincère.

Sincérité, simplicité, justice, droiture sont les principales vertus prônées par le Shintô, les vertus lumineuses !

De nombreuses coutumes, jolies et naïves, qui parfument de poésie le cours de l'année, ne sont autre chose qu'un hommage à la nature divinisée, à laquelle l'homme est étroitement uni.

En même temps qu'Amaterasu est déité solaire, elle est déité ancestrale. Culte de la nature et culte des ancêtres se confondent.

Le shintoïste adore à la fois les êtres divins, personnification des forces et des phénomènes de la nature, et les ancêtres de la nation dont l'esprit s'incorpore à cette nature même.

« La piété pour la mémoire des ancêtres est la source de toutes les vertus, a écrit Hirata, un des apologistes du Shintô. Les esprits des morts continuent d'exister dans le monde invisible qui nous entoure ».

Dans chaque maison on célèbre devant l'autel domestique le culte des ancêtres de la famille et de la nation. Tout trépassé est vénéré. Et, quand au cours de sa vie, l'homme a incarné un idéal, quand il a fait preuve de hautes vertus, il participe de la divinité.

Les divinités célestes ne sont que des personnalités humaines supérieures à l'humanité, et cette transformation dans l'absolu est précisément le trait principal du Shintoïsme, mot qui signifie « la voie des dieux ».

Cette religion autochtone résista au progrès du Bouddhisme. Elle possédait sans partage l'âme du peuple. Des nobles ralliés à la foi continentale ne laissaient pas eux-mêmes de vénérer les dieux fondateurs et protecteurs du pays. Pour s'emparer de toutes les consciences, les grands fondateurs de sectes du ixe siècle imaginèrent d'unir les deux panthéons, d'amalgamer les deux cultes. D'où une religion hybride, le *Ryobu Shintô*, qui enseigne que les dieux tutélaires de l'empire ne furent que des manifestations temporaires des divinités bouddhiques de l'Inde.

Dans le Ryobu-Shintô l'apport bouddhique était prépondérant, il devint toujours plus considérable avec les sectes qui introduisaient de Chine de nouveaux éléments spirituels.

Mais à la fin du xviie siècle une école de savants parut, qui, étudiant l'antiquité nationale, travailla de tout son pouvoir à la renaissance du pur Shintô.

En 1868, le Shintoïsme fut déclaré seule religion d'Etat. Il eut une existence indépendante, à l'écart du Bouddhisme.

En réalité, il y eut deux cultes shintoïques : l'un instinctif, populaire, libre, mouvant ; l'autre officiel, liturgique, définitivement fixé dans sa doctrine et dans ses rites.

Le premier relève de treize sectes différentes ; toutes s'accordent pour louer la force ordonnatrice de l'univers, pour enseigner une morale contenue dans cette formule : « Suis l'impulsion de ta nature et conforme-toi aux ordres du souverain ». Mais chacune, suivant la volonté de son fondateur, recommande à la dévotion des fidèles une déité, un génie particulier du panthéon national ou glorifie de préférence telle ou telle qualité : simplicité, sincérité, sobriété...

On compte plus de cent mille temples shintoïques populaires.

Alors que les sectes indépendantes ont une activité positivement religieuse, le Shintoïsme d'état reste sur le terrain laïque et national. Dans son panthéon, il n'y a place que pour les dieux et les héros nationaux authentiques.

Fig. 6. — Porte du Milieu de Hôryûji, début VIIᵉ Siècle.

Fig. 7. — Les abords du temple shintoïque de Miyajima, époque Fujiwara.

Au vi[e] siècle le pays du joyeux polythéisme shintoïque s'ouvre aux dieux et aux saints chinois et indous. La doctrine de Bouddha, le « Bukkyô » est enseigné à la cour impériale, puis dans le peuple.

Le Shintoïsme n'était d'ailleurs plus tout à fait pur. Trois siècles plus tôt, deux savants de Corée avaient fait don à l'empereur des Classiques de Confucius. Ils avaient enseigné la morale sociale de Chine, le culte des ancêtres et des grands hommes.

Dans l'année 552, sous le règne de Kimmei-tennô, vingt-neuvième empereur, l'ambassadeur du royaume vassal de Kudara, en Corée, offre, au nom de son maître, une statue d'Amida, des livres, des images et des objets du culte bouddhique ; il lit un message à Kimmei-tennô :

« Daignez, à ma prière, répandre dans votre empire la loi venue de l'Inde jusqu'à notre pays des trois Kan (la péninsule coréenne). Ainsi s'accomplira la prophétie : « Ma loi se propagera jusqu'au lointain Orient ». Elle confère le don infiniment précieux d'une félicité sans borne ni mesure et révèle à nos cœurs les enseignements du monde futur ».

L'empereur consulte ses ministres. Pour Soga Iname, l'hésitation ne se conçoit pas ! Tous les pays du continent ayant adopté la religion de Bouddha, le Japon, à son tour, doit l'accueillir.

Se guider sur l'Ouest ! Ce sera, à diverses époques, le principe des réformateurs. Mais, en 552, Soga Iname fut seul de son opinion. On abandonne à cet ami de l'étranger les idoles et les livres et tout le matériel d'un culte trompeur. Il les abrite dans une *cella*, auprès de l'autel domestique. Ses adversaires le poursuivent de leur haine fanatique. Ils font jeter au plus profond d'un lac les images saintes et persuadent le Tennô que la pratique d'une religion étrangère est un outrage aux dieux du Shintô, créateurs et protecteurs de l'empire. Une lutte commence qui durera trente-cinq années.

Le royaume de Kudara ne laisse pas en paix les conservateurs japonais. Ses bonzes se présentent à la résidence impériale, confiants dans l'accueil de leur protecteur. Les effigies bouddhiques sont retirées du lac et, pour les abriter, Soga Iname édifie un monument sur le modèle des sanctuaires coréens. Ce fut le premier temple japonais. On le nomma *Kogen-ji*.

Les bonzes du pays vassal apportaient avec eux un chargement de statues, sachant que ces bouddhas, par leur expression, leur attitude et leurs gestes, étaient de véritables convertisseurs. Soga Umako, héritier de la croyance de son père Iname, donna asile à toutes ces images, dont une en pierre de Miroku (Maitreya), dans un monastère disposé à la manière des bonzeries chinoises. Plus que son père encore, il voulait tout à l'instar de l'empire parfait ! Et, devenu premier ministre, sa parole faisait loi.

Cependant les adversaires des dieux étrangers n'ont pas désarmé. Dès les premières atteintes d'une épidémie, ils brisent les statues, ils les noient. Leur fanatisme entraîne l'empereur, l'exercice du culte bouddhique est prohibé. Mais cette religion pratiquée par tant d'officiers du clan Soga s'impose, se propage d'elle-même ; le palais impérial, au moment où il la condamne, cède à la force qui en émane. En l'an 587, l'empereur Yômei se convertit au Bouddhisme. Il meurt la même année, ravi de la promesse que lui fit un de ses chambellans, de construire un temple et de sculpter une statue de seize pieds de haut.

Un temple ! une statue ! Ce premier Bouddhisme est tout dans la réalisation de l'œuvre d'art ! Il conquiert par un côté esthétique. Imprimer les traits divins sur l'argile ; édifier, suivant le rythme de l'architecture sacrée, toits et colonnes, c'est faire œuvre pie.

Soga triomphe ! Mais le dernier acte de la longue lutte pour Bouddha est tragique. Monobe Moriya, chef du parti adverse, propose pour la succession au trône un prince qui n'est pas du côté de Soga. Les deux clans se rencontrent sur une montagne du Yamato. Les partisans de la religion font vœu de construire un temple aux Quatre Rois Célestes, gardiens des quatre points cardinaux, si la

Fig. 8. — Le Hôwôdô du temple Byôdôin, à Uji ; période Fujiwara, début XIe Siècle.

bataille tourne à leur avantage. Elle s'engage, ils la gagnent. Dans les fondations du futur temple, du Shi-tennô-ji, aussitôt creusées, la tête des vaincus est enfouie.

Le Nippon sera bouddhiste ! Pour l'heure, il est sous la domination de Soga Umako. Le nouvel empereur prend ombrage de cette puissance rivale, il complote d'assassiner son premier ministre. C'est lui qui périt sous les coups des affidés de Soga. On ne saurait attribuer ce régicide au zèle religieux : le protecteur du bouddhisme n'a plus que des soucis temporels, il veut le pouvoir tout entier, et, sur le trône, il place sa nièce, fille de l'empereur Kimmei. Soga règne. Mais bientôt le puissant ministre s'efface devant l'héritier présomptif, Shôtoku-taishi, un saint ! — le Constantin japonais, comme l'ont nommé des historiens eurpoéens.

Ce prince, fils de l'empereur bouddhiste Yômei et neveu de l'impératrice régnante Suiko, disait avoir vécu en Chine une vie antérieure, toute consacrée à l'étude de la Loi. Il n'avait pas sept ans quand, devant les livres de prières reçus de Corée, il s'écria : « J'ai parcouru tous ces textes jadis, dans l'empire du Milieu ! » Le Ciel l'avait prédestiné pour être le conducteur du peuple dans la voie de Bouddha. Sa flamme était telle qu'il ne répugnait pas à prendre les armes pour la défense de la foi, comme il le fit sur la montagne du Yamato.

Il fit du temple de Shi-tennô-ji comme une société terrestre idéale, avec tout un système d'écoles, d'asiles, d'hôpitaux...

Shôtoku-taishi considérait le spirituel et le temporel comme étroitement liés, et sa pensée directrice était l'unification de la nation par la communion des fidèles, par la pratique de la religion bouddhique, dont le principe est l'union de tous les êtres. Maître de l'empire, il promulgua un code de lois en dix-sept articles dans lequel il était ordonné à la nation de vénérer les « Trois Trésors » : Bouddha, la Loi (Dharma), la Communauté (Sangha). Année 604 ! Le Bouddhisme devient religion d'Etat. Plus de clans, plus de sectes, plus de divisions, une seule et même religion, âme de la politique. La doctrine orthodoxe est celle que contiennent trois sûtras du Mahâyâna. Le régent la commente oralement et par écrit, montrant que la stricte observance de la loi religieuse, loin d'exclure les soucis temporels, incline les hommes à prendre soin de la chose publique. Le peuple reçoit des lois calquées sur la législation civile en vigueur en Chine. Enfin, Shôtoku-taishi voulut établir entre l'empire nippon et le grand Etat modèle, des relations étroites ; ce fut l'objet de l'ambassade nippone envoyée, en l'an 607, dans la capitale de la dynastie des Soei :

« Le souverain de l'Est s'adresse au grand empereur de l'Ouest ».

Le prince héritier et régent se retira en un lieu nommé Hôryûji, près de Nara.

Il sentait la foi bouddhique ardente partout, il en calculait les progrès au nombre des temples ; et les temples n'étaient faits que pour hospitaliser les statues.

Remarquons bien ici que, les premiers prédicateurs ayant été des Coréens, c'est la doctrine du « Grand Véhicule », le *Mahâyâna* (en japonais : *Daijô*) ou doctrine du Nord, de la Chine Septentrionale, et non la doctrine du « Petit Véhicule », le *Hinayâna* (en japonais : *Shôjô*) ou doctrine du Sud, du Siam, de Ceylan, qui fut d'abord enseignée au Japon.

Le Mahâyâna est miséricordieux, souriant, altruiste ; il « véhicule » vers le salut bien des créatures, tandis que le Hinayâna est réservé à quelques êtres exceptionnels, à de purs ascètes. De ce côté-ci on ne voit que de purs Bouddhas, solitaires, égoïstes, des Arrhats, tout à leur effort de purification. De l'autre côté, au contraire, c'est un nombre infini de saints, d'intercesseurs, de Boddhisattvas tendres, compatissants, charitables qui, pour être utiles à l'humanité souffrante, pour la consoler, la soulager, la sauver, remettent à plus tard leur entrée dans le nirvâna.

Suivant la doctrine opposée, le « Petit Véhicule », il n'est permis qu'à un petit nombre de privilégiés de s'identifier à la nature de Bouddha. Cet enseignement parvint cependant à pénétrer au Japon au VIIe siècle et influença l'église de Nara (secte Kusha).

Portés vers l'amitié et les sentiments tendres, attachés à des modes d'existence simples et familiers, attirés par les mythes clairs et lumineux, les Japonais trouvèrent dans le « Grand Véhicule » une doctrine qui répondait à leurs goûts, à leurs tendances, à leurs aspirations. Et, par sa richesse spirituelle, par le nombre et la variété des figures qui l'incarnaient, elle piquait leur curiosité, elle entraînait leur esprit vers le continent.

La Chine était alors soumise à la dynastie Tang, prestigieuse par sa puissance militaire, par sa politique de conquête, par son culte des arts et des belles-lettres. Ouverte à l'Ouest, les nomades de Mongolie et de l'Asie Centrale lui apportaient la culture gréco-bouddhique du Gandhâra et la technique des ateliers de Pergame, de Tralles et de Rhodes.

Chez les Tang, les Japonais mieux qu'en Corée, sentirent couler ce grand courant religieux et esthétique, venu du Nord-Ouest de l'Inde, des terres du Bouddha Apollonien. Et ils étaient occidentalisés quand ils firent de Nara la capitale de l'empire (710).

Jusqu'alors la résidence de la Cour avait changé à chaque règne. L'idée d'une capitale permanente est d'origine chinoise.

« Nara la verdoyante, fleur embaumée » devint pareille à l'un de ces paradis décrits dans les Livres Saints.

> *Belle en bleu et en rouge*
> *Nara la capitale semblable à la*
> *Fleur qui s'épanouit*
> *En répandant son parfum*
> *Prospère maintenant.*

Dans un cadre savamment composé, se déroulaient des cortèges sans fin, se donnaient des fêtes perpétuelles. Au seuil des temples, peuplés de statues de divinités, images de la perfection, l'empereur, Bouddha vivant, se présentait avec pompe, suivi de toute sa cour. Des cohortes de bonzes l'accueillaient.

La souveraineté s'exerçait comme un pontificat, et les préceptes religieux réglaient la politique.

Dans ce faste, le Tennô et ses conseillers perdirent le sens de la vie réelle, tandis que le clergé gagnait en puissance, intervenant dans l'administration des affaires temporelles où il répandait un esprit de division et d'intrigue. La grande idée de Shôtoku-taishi, le Bouddhisme agent d'unification politique, de rapprochement social, avait perdu toute vertu !

Trop aristocratique, trop dédaigneux des choses communes, le gouvernement se défendait à peine contre la tyrannie des autorités ecclésiastiques. Enfin, pour échapper à cette mainmise, il résolut de transporter la capitale hors de Nara, en un lieu où la configuration du terrain lui permettrait de mieux assurer son indépendance.

Un emplacement fut choisi dans la province voisine de Yamashiro, « derrière les montagnes ». En 794, la cité était achevée, elle reçut le nom de Heian-Kyô, c'est-à-dire la « capitale de la paix et de la tranquillité ». On l'appela aussi Kyôto :

capitale. Ses constructeurs avaient voulu rendre hommage au génie chinois : elle reproduisait le plan symétrique de Tcheng-ngan, capitale des Tang, dans la province du Chensi. En un rectangle de cinq kilomètres de long sur quatre de large, les rues étaient tirées au cordeau et se coupaient à angle droit ; une grande artère partageait la cité en deux parties.

Fig. 9. — Le temple principal de Renge-ô-in, élevé en 1266, période Ashikaga.

Fig. 10. — Le temple Daibutsu-den de Tôdaiji à Nara, construit en 1195
(époque Kamakura), réédifié au XVIIe Siècle.

III

Des montagnes encadraient Heian-Kyô. Sur l'une de ces hauteurs, sur le mont Hiei, vivait un ermite qui, fidèle à la pensée du Shôtoku-taishi, méditait la réforme de l'Eglise, sa réunification spirituelle et son identification avec le gouvernement temporel. Ce moine nommé Saichô et dont le nom posthume fut Dengyô (767-822), était également resté attaché aux principes du Mahâyâna. Tous les hommes, à ses yeux, pouvaient atteindre la perfection bouddhique, et cette croyance, naguère admise, il eut à la défendre contre l'église influencée par l'enseignement du « Petit Véhicule ».

La présence de cet ermite sur le mont Hiei n'a peut-être pas été étrangère au choix de l'emplacement de la nouvelle capitale. L'abandon de Nara avait eu la signification d'une rupture entre le gouvernement civil et l'église bouddhique. Or, le pouvoir civil appréciait le concours qu'une religion positive apportait à une politique d'ordre, de paix, de sécurité. L'église ancienne ne répondant plus à ce qu'on attendait d'elle, il favorisa la religion de Dengyô et, pour que ce jeune moine, qui osait défier le clergé aristocratique, eût l'autorité indispensable à l'accomplissement de sa mission, il l'envoya en Chine « se pénétrer des saines vérités ».

Dengyô séjourna au monastère du mont Tien-tai, dans la province du Tchekiang, puis de retour au Japon, en l'année 804, il crée l'ordre Tendai, du nom de l'institution monastique qui l'avait accueilli en Chine. Suivant sa conception universaliste, les mystères de la religion sont mis à la portée de l'entendement de chacun. Trois recommandations guident l'homme en marche vers la sainteté : fuir le mal, pratiquer les bonnes œuvres, se montrer charitable envers tous les êtres.

Si la nation tout entière suit cette voie, elle s'identifie à la nature de Bouddha.

Le gouvernement accorda à la nouvelle église le privilège de l'ordination. Dès lors, l'ermitage du mont Hiei devint le foyer du Bouddhisme nippon ; sur tous ses versants boisés des temples s'élevèrent, des couvents s'établirent...

Mais nous allons voir éclore d'autres sectes, qui se partageront avec un égal succès la faveur des croyants.

Du point de vue de l'art, cette diversité de croyances et de pratiques fut heureuse. Chaque état de sensibilité religieuse, chaque conception spirituelle s'incorpora dans une forme esthétique.

Tout à fait japonisé, le Bouddhisme devint l'âme d'une civilisation très particulière. Après que Kyôto fût devenue capitale, l'empire fier de lui-même, méprisa son modèle, la dynastie des Tang, dont la décadence se précipitait ; il se ferma aux relations avec le continent et l'ambassade qu'il entretenait à Singanfu, capitale chinoise, fut supprimée. Alors s'ouvrit la glorieuse période des Fujiwara. Durant plus de deux siècles de paix heureuse, les arts littéraires et plastiques sont cultivés avec ferveur. En eux s'exprime librement, pour la première fois, l'esprit de la race.

L'omnipotence de la Tendai ne fut pas de longue durée. Un de ses membres, le moine Kôbô (774-835), arrivait de Chine avec la connaissance d'un Bouddhisme mystique, miraculeux, riche en rites, en formules magiques, en gestes invocatoires. Aussitôt née, la « secte du mystère », connue sous les noms de Mikkyô ou de Shingon, conquit le pays en dépit de son ésotérisme. Bouddha, suivant la doctrine, est une entité métaphysique, tout est dans Bouddha et Bouddha est dans tout ; Dainichi Nyorai (Vairocana), « intelligence suprême », est invoqué. L'adorateur s'unit à la divinité adorée.

C'est par ses manifestations extérieures que la secte séduisit les Japonais de l'époque ; par son cérémonial savant, artiste, tout en gestes rituels *(mudrâs)*. L'officiant n'a qu'une pensée : acquérir les qualités physiques et spirituelles des Bouddhas. C'est aussi par son but même. Elle se préoccupait de la conservation de la santé, de la guérison des malades, elle enseignait comment se préserver du mal. Et Shingon agit si bien sur les esprits qu'aux ixe et xe siècles, la grande affaire n'était plus de sauver son âme, mais de s'assurer ici-bas la sécurité morale et matérielle.

Fig. 11. — Pavillon dit "Katsura Kyu-ïn", époque Kamakura, dont l'aspect semble
rappeler le Yumedono ou palais du rêve du temple Hôryûji.

L'aristocratie se réunissait dans les chapelles des résidences seigneuriales ; le peuple, dans des demeures particulières. L'aménagement de la maison était adapté aux cérémonies. Mais ce culte, encore que domestique et familier, se célébrait toujours suivant le rituel compliqué de la secte, avec accompagnement de signes mystiques et cabalistiques et de prières invoquant la divinité pour la prospérité des familles et la tranquillité des foyers.

L'acte d'adoration évoque la puissance cosmique, Dainichi Nyorai. Tous les fidèles s'appliquent à imiter l'attitude des statues de la secte. Devant les images saintes, autour des symboles, fleurs de lotus, foudres, armes, ils multiplient les litanies et les incantations, ils dansent et font de la musique. Ainsi s'accomplit la communion avec l'âme du grand Illuminateur.

Kôbô lui-même a caractérisé cet état mystique :

Les Bouddhas dans les innombrables royaumes bouddhiques
Ne sont autre chose que l'unique Bouddha au fond de notre âme ;
Et les lotus d'or, aussi nombreux que les gouttes d'eau de l'Océan,
C'est notre corps.
Dans chacun des caractères sacrés sont contenues des myriades de figures.
Dans chaque production du pinceau, du ciseau, ou du métal
Se manifeste la vitalité de l'univers
Où sont présentes par myriades les entités réelles des vertus ;
Et par là chacun est appelé à la connaissance
De sa glorieuse personnalité à lui, jusque dans son être physique.

L'art s'alimenta longtemps à la source de la secte mystique de Shingon.

Au XIIe siècle, en un temps de guerres civiles, de malheurs publics, un enseignement nouveau se répand. Hônen Shônin (1133-1212), membre de Tendai, dit aux hommes qu'il ne s'agit pas d'être heureux sur la terre, mais de mériter la grâce d'Amida (Amitâbha, dieu de la lumière infinie).

Ce dieu ouvre le paradis à tous ceux qui par leurs actes prouvent leur croyance en son esprit compatissant. Les âmes des fidèles renaîtront sur le lotus.

Dès lors, le Bouddhisme japonais devient une doctrine d'amour.

« Songez que nous vivons dans un siècle dépravé, dit Hônen Shônin. La seule porte ouverte à chacun, c'est celle du pays de la Béatitude ».

Le salut ne s'obtient que par la répétition inlassable des mêmes invocations, par l'humilité et la modestie. Il faut par la pratique de la vertu se concilier Amida. C'était une voie toute simple que celle de la secte Jôdo, de la « Terre Pure », mais point aisée pour tous.

Un jeune prêtre du nom de Shinran (1174-1268), n'était satisfait ni de Tendai, ni de Jôdo. Il professait que pour être sauvé, l'homme n'a qu'à croire en la puissance rédemptrice, en la bonté, en la grâce d'Amida. La foi suffit ! Elle ouvre le paradis au plus grand pécheur même. Au début du XIIIe siècle, la secte Shinshû commence la prédication de cette religion facile, adoptée d'enthousiasme dans la classe populaire.

La religion d'Amida attendrit le Bouddhisme ; elle plut infiniment à la sentimentalité nippone ; l'intérieur des temples se fit intime ; la statuaire se couvrit de mansuétude.

Fig. 12. — Le temple d'or Kinkakuji, élevé en 1397, à Kyôto, époque Ashikaga.

Fig. 13. — Type de construction "buke-tsukuri", de la première époque féodale.

IV

Les Fujiwara firent donner à des princes, dont l'entretien obérait le trésor, des gouvernements de provinces. Là, ceux-ci devinrent chefs de clans militaires et d'autant plus remuants que l'autorité impériale déclinait, qu'elle ne réagissait plus aux coups de ces féodaux ambitieux. Des révoltes éclatèrent. On vit se former des principautés indépendantes. Pour en finir avec les rébellions, la cour fit appel à d'autres chefs de clans ; et, en manière de récompense pour les services rendus, elle augmenta leur domaine. Deux familles devinrent alors égales en puissance : les Taïra et les Minamoto. Pendant trente-cinq ans, leur rivalité ensanglanta le pays.

Vainqueur, Yoritomo Minamoto prend le titre de Shogun, de généralissime, et installe sa capitale à Kamakura (1192). C'est la fin du gouvernement des Fujiwara.

Le Japon entre dans l'ère féodale et militaire.

Ces guerriers sont des civilisateurs. Ils mettent la paix à profit en instaurant un ordre nouveau. La nation est soumise à un système administratif minutieux et strict. Elle reprend contact avec la Chine. Des artisans sont appelés pour relever les temples détruits par les guerres ; ils font connaître le style architectural et décoratif de la dynastie des Song. Et, comme autrefois, des bonzes japonais vont étudier dans les grands monastères chinois. Trois d'entre eux revinrent avec la connaissance d'une méthode de repliement sur soi-même que le fils d'un roi indien avait enseignée aux Célestes. C'était la méthode *Zen*, en sanscrit *Dhyâna*, « méditation extatique ».

Cette méthode n'était plus purement indoue. Elle s'était enrichie, en passant par la Chine, d'éléments taoïques.

Tao, suivant l'enseignement de l'école du philosophe Lao-Tseu, signifie voie, chemin, et implique l'idée d'une force en marche. Le *tao* est dans tout, il est le principe qui imprime aux êtres le mouvement, principe unique qui règne en dehors du monde et qui se réalise dans le monde même ; il est l'essence des choses, la réalité absolue, immuable.

On peut s'approcher du *Tao* par des exercices spirituels, dont l'essentiel tient en ces mots : détachement des choses extérieures, du monde des sens, de l'artificiel, de l'accidentel, purification du cœur, dépouillement de soi-même, concentration de l'esprit. Etape par étape, l'ascète atteint l'extase. C'est l'état de sainteté. La personnalité humaine a été vaincue par la personnalité céleste qui est dans chaque être. Affranchi du monde des apparences, des illusions, c'est-à-dire de tout ce que les sens perçoivent, le saint voit en face la seule, la vraie réalité. Dès ce moment, s'il considère les choses terrestres, la vie et la mort, les vicissitudes humaines, le taoïste a une attitude froide, lointaine, détachée.

Les bouddhistes chinois qui, sous l'influence de la théorie du *dyâna*, adoptèrent les conceptions taoïques vécurent hors de la société, dans la solitude des montagnes, parmi les bois. Là seulement, ils parvenaient à se conformer à l'harmonie universelle, ils pratiquaient le non-agir, parce que leur vie identique à celle de la nature, n'avait plus rien d'individuel.

La méthode zéniste fut d'un grand secours aux moines du mont Hiei qui, las du magisme de Shingon, n'avaient de recours que dans la contemplation enseignée à l'âge précédent, par le culte d'Amida le rédempteur.

Le moine Dôgen (1200-1253) simplifia et vulgarisa la nouvelle discipline. Son enseignement en fit une sorte de thérapeutique mentale.

Tout de suite, l'esprit féodal du temps de Kamakura s'accorda avec ce zénisme japonais qui avait moins en vue l'Illumination que la maîtrise de soi-même. La secte considérait l'homme dans la matérialité de sa condition, elle sondait ses maux et lui enseignait à se surmonter, à gagner le sommet du suprême détachement, la souveraine ataraxie. Cet entraînement mental convenait bien à ces chevaliers prêts à l'accomplissement du devoir, aux sacrifices.

Le zénisme contribua, avec la morale shintô-confucéenne, à la formation du *Bushidô*, « la voie du Bushi », du samurai, du chevalier, que peu de mots résument : le chevalier n'a pas deux paroles, deux faces, son âme est transparente, simple et sans détour ; il ne sert pas deux maîtres ; il répand son sang pour satisfaire au devoir, à l'honneur. Enfin, il n'exprime pas son émotion en paroles déréglées, en gestes directs. Dans le conflit des passions, un samurai renonce à ses affections, à ses intérêts, à lui-même ; il s'immole dans un sourire.

Nous sommes ici en présence d'une morale laïque. C'est à quoi aboutit le zénisme.

Par suite de l'absence de tout sentiment religieux proprement dit, l'architecture se simplifie, se dépouille du superflu décoratif. Dans un temple Zen, rien ne doit distraire des exercices spirituels. L'extérieur des choses n'est pas nécessaire à celui qui médite, qui n'agit sur lui-même que par ses propres moyens. Que ces choses soient en ordre, qu'elles soient claires, nettes et nues même, c'est le mieux pour favoriser la concentration de l'esprit. Figures, images et symboles sont en partie proscrits, mais un cadre se crée, raffiné dans sa sobriété.

L'esthétique de Zen consiste dans une synthèse habile, dans un raccourci, dans un schématisme, dans une simplification hardis.

Tout est dans tout. L'univers tient dans une demeure de style rustique, dans un jardin disposé suivant le même goût. A quoi bon multiplier et diversifier les apparences !

Les actes de la vie eux-mêmes, et les plus modestes, sont riches en significations, ils impressionnent et plaisent s'ils sont accomplis avec soin, avec calme, avec silence et gravité. La cérémonie du thé, le *Chano-yu*, dérive de cette conception. Toutes les attitudes du Japonais dans l'existence coutumière se ressentent de l'influence de la philosophie Zen.

La notion de décor, de décor abstrait et suggestif, domine d'abord. Au début, un monastère, une demeure particulière avaient grand air sous un aspect fruste ou élémentaire et même à échelle réduite. Puis cet art tomba dans le style domestique, dans le petit, dans le joli. Cependant l'idée de décor subsistait ; l'orgueil des Shogun Tokugawa l'exploita, et ce fut l'époque des mausolées, des temples consacrés aux héros divinisés, architecture éclectique, ostentatoire, vide d'idées nouvelles, faite de morceaux empruntés.

L'intellectualisme zéniste, le renouveau confucéen, la renaissance shintoïque, renaissance savante au premier chef, s'appuyant sur des connaissances linguistiques et folkloristes, arrêtèrent tout élan de l'âme.

Il faut encore citer une influence stérilisante dans le domaine commun du sentiment et de l'art, ce fut celle de la secte Hokke, fondée au xiiie siècle par le bonze Nichiren (1222-1282).

Elle réagit contre le ritualisme et le sentimentalisme des doctrines et des cultes en honneur depuis la fondation de Kyôto et surtout à l'époque des Fujiwara. Ce fut une sorte de protestantisme fanatique et conquérant. Le bonze Nichiren empiétait sur le terrain politique. Son but était la création d'une église nationale qui, gagnant de proche en proche, eût étendu la domination du Japon sur le monde entier.

La doctrine de Nichiren se présente comme une combinaison de l'idéal bouddhique et de l'idéal shintoïque. C'est une doctrine extrêmement dépouillée. L'acte religieux se résume en l'énoncé verbal de la formule : « Je crois, je me confie dans le sûtra du Lotus de la Bonne Loi », en japonais : *Namu Myôhô-Renge-Kyô*.

Nichiren enseigna la foi en un Bouddha unique, en une sorte d'être suprême indéfini, représentatif du centre du monde. Et cet enseignement fut impérieux, sectaire. Le peuple l'accueillit, comme on accueille une parole virile.

La populaire et combative secte Hokke dirigea l'esprit national vers une région morale étrangère aux grandes conceptions d'art.

Fig. 14. — Le Karamon de Nishihongwanji ; période Momoyama, XVe Siècle.

Fig. 15. — Le temple d'argent, Gingakuji ; construit en 1473,
période Momoyama.

II

L'ARCHITECTURE

Fig. 16. — Le Kondô du Tôji à Kyôto, période Momoyama.

Fig. 17. — Porte du temple Higashihongwanji, construit en 1602, réédifié en 1879.

I

Aux temps primitifs du Shintô, le culte se célébrait en pleine nature, près d'un tumulus, d'un bosquet, d'une source, d'un rocher. Par la suite, la demeure devint le lieu du culte, et, comme son architecture dérivait de la structure des huttes primitives, les temples postérieurs reproduisirent les lignes de l'habitation rustique des premiers Japonais.

Nulle allure monumentale : un habitat rectangulaire posé sur pilotis. Le toit à deux pentes est recouvert de chaume. Aux extrémités, les côtés de l'arba-létrier dépassent le faîte et dessinent une croix de Saint-André ; ces deux sortes de cornes pointées vers le ciel sont nommées *chigi ;* contre elles, transversalement à l'arêtier, un fort rondin, c'est le *katsuogi.* Telle est la marque décorative du sanctuaire shintoïque.

L'impression n'est pas précisément d'ordre esthétique ; elle éveille un senti-ment de paix, d'intimité.

Le plus ancien jinsha du type maison est le Oyashiro, situé dans la province de Izumo et dédié à Okuninushi-no-Kami, descendant de Susano-o et frère de la déesse du Soleil Amaterasu. On l'a reconstruit à diverses époques, mais toujours fidèlement d'après le modèle transmis.

On connaît le premier temple qui fut destiné exclusivement au culte, c'est le Sumiyoshi, dans le département d'Osaka. Dédié aux divinités de la mer, il a été élevé par l'impératrice Jingo, lors de l'expédition de Corée en l'an 211 de l'ère chrétienne. Il s'écarte nettement de la forme domestique de l'âge précédent.

Au IIIe siècle, un nouveau type apparaît avec les temples d'Ise et d'Atsuta. Le plan est oblong ; l'entrée n'est plus sur le côté, mais au centre. Tout en restant fidèle aux lignes primitives et à un certain côté rustique ou familier, l'architecte donne quelque ampleur à sa construction. Il semble, d'ailleurs, avoir obéi à une influence étrangère. Au iiie siècle, la Corée initie le Japon au Confucianisme qui, par le culte des ancêtres, a des points communs avec le Shintoïsme. On décore, on peint même, à la manière chinoise, le temple jusque-là si magnifiquement nu.

Près de la ville de Yamada, dans la province de Ise se dresse, au milieu des futaies et des pièces d'eau lustrale, le *Naiku* dédié à Amaterasu. On y conserve le miroir sacré, l'un des trois emblèmes impériaux. Non loin, un temple, dit extérieur, le *Geku*, est consacré à la déesse des céréales. Suivant une tradition à laquelle on ne manque pas de satisfaire, *Naiku* et *Geku* sont tous les vingt ans détruits, puis immédiatement reconstruits.

Ces temples, ainsi que le sanctuaire d'Atsuta, appartiennent au style nommé «shimmei». Ce sont les derniers qui aient été érigés avant l'introduction de la grande religion continentale. Ensuite les éléments bouddhiques s'ajoutent à l'architecture et à l'ornementation du jinsha. D'où deux styles nouveaux : le *kasuga* qui consiste dans l'installation d'un portique devant le « Sumiyoshi » ; le *nagare*, dont le toit s'harmonise avec le faîte du portique ; tous deux ont pour caractéristique des pignons courbes.

Le Kasuga jinsha à Nara est un ensemble de quatre bâtiments édifiés au viiie siècle. Quelques années plus tard, un Fujiwara fit élever un temple dédié au dieu protecteur de sa famille. Il est de couleur vermillon ; des agrafes couvrent les pointes des poutres ; d'autres détails marquent une imitation du riche sanctuaire bouddhique. C'est à cette époque que fut formulé le *Ryobu Shintô* qui rapprocha Shintoïsme et Bouddhisme. Les portiques *(torii)*, les pagodes pénétrèrent dans l'enclos des jinsha, ainsi que les portes, les cloches, les galeries et toutes les dépendances des grandes bonzeries chinoises.

Aux époques suivantes, l'architecture shintô présente des ensembles copiés sur le modèle bouddhique ; le goût chinois *(« kara-yô »)* et le goût indigène *(« wa-yô »)* participent à dose inégale dans leur construction et dans leur ornementation.

Fig. 18. — Type de logis, de "Shoïn-tsukuri" ou de "Shinden-tsukuri", conçu
dans le pur goût "Zéniste" ou "Théiste"; ce pavillon nommé "Tchôshû Kaku"
est de l'époque Momoyama, fin du XVIᵉ Siècle.

II

Le temple japonais est construit en bois. On s'est demandé pour quelles raisons ce peuple resta fidèle à la matière avec laquelle il édifia ses premiers sanctuaires. Des forêts immenses couvraient l'archipel, a-t-on remarqué, tandis que les carrières n'étaient pas riches. Ce n'est pas une explication suffisante.

L'homme des îles nippones a plaisir à façonner le bois, il goûte sous l'outil sa souplesse, sa légèreté, sa résistance, il en apprécie les qualités par la vue, le toucher et l'odorat même. Veines, nœuds, écorce, épiderme doux ou rude, tout lui plaît et une architecture de bois répond à son amour des choses simples. Homme de la nature enfin, il lui paraît plus rationnel d'utiliser l'arbre, dans la société duquel il vit, que la pierre souterraine.

Hormis les premiers sanctuaires shintoïques, les temples japonais sont comme une traduction en bois des temples bouddhiques chinois de pierre. Des éléments essentiels furent rejetés, comme les diverses sortes d'arcs, arcs-boutants, arcs à grande portée... La construction obéit aux lois de la matière employée. Aussi l'ensemble architectonique présente-t-il, dès les premiers temps, une originalité marquée.

C'est avouer ne pas connaître l'architecture religieuse du Japon que de dire qu'elle est routinière, que ses grandes lignes n'ont pas varié. Bien au contraire, elle change fréquemment d'aspect et présente dans un même temps des formes multiples. Chaque époque a son style ou ses styles. Tantôt l'enseignement étranger domine et tantôt l'esprit des églises autochtones, des ateliers nationaux, et il arrive que les deux influences coexistent et se combinent.

La forme du temple est rectangulaire et verticale. Rares sont les constructions octogonales, hexagonales et circulaires ; elles datent des époques où l'action indoue, chinoise ou coréenne se fit sentir avec plus de force. Ainsi les petites pagodes et les pagodes à étages de la forme *taho*, aux lignes courbes, portent la marque d'une idée originaire de l'Inde.

Mais le monument vaut du point de vue esthétique par son extérieur, surtout à l'époque classique (vie au xive siècle). Ne le considérons d'ailleurs pas trop en lui-même, car il n'est jamais isolé, c'est une unité dans un groupe, un décor dans un vaste cadre, qui embrasse non seulement d'autres constructions, mais encore la nature elle-même. L'architecte japonais combine l'arrangement de chaque partie par rapport à l'effet d'ensemble auquel il vise, au système harmonieux qu'il a conçu.

« Il faut comprendre le plan général », me disait-on chaque fois que mes yeux s'arrêtaient sur les lignes d'un temple, ou d'une porte, ou d'une galerie.

Ce plan, une enceinte carrée ou rectangulaire le délimite. Dans l'espace ainsi circonscrit sont disposés les bâtiments suivant le système *shichidô-garan*. La loi de symétrie ne s'applique pas aussi rigoureusement que sur le continent. Les monuments au Japon sont plus étroitement unis à la nature, ils s'encadrent entre les bouquets d'arbres ou se placent à un point de dénivellation du terrain. Mais le tout étant nettement enclos et isolé, il n'est pas malaisé d'embrasser les diverses parties, de lire la pensée architecturale dominante.

Peu au-dessus de la base, la verticalité cesse, les toitures se déploient. C'est la partie expressive, parlante du temple. Sa personnalité, son âme est inscrite dans l'eurythmie de ces lignes qui montent et s'étirent, qui s'achèvent puis reprennent, dans ce mouvement, dans ce balancement, dans cette cadence. Une simple couverture à plan unique est encore significative.

L'architecture japonaise distingue quatre classes de toits : *kirizuma*, allongé pignon bas, à pentes largement incurvées ; *hogyo*, haut, pyramidal, avec une base ascendante ; *shichu*, faîte plat et court, arêtier prononcé, bords étirés, dentelés ; *irimoya*, faîtage plat, demi-arêtier, inclinaison lente de la partie inférieure très avancée, courbure insensible, le pignon représente la moitié du tout.

Encore que les toits soient par eux-mêmes expressifs, on ne saurait cependant négliger les autres dispositions architectoniques... Une partie importante au double point de vue de la construction et de l'esthétique, c'est la console ou *masugumi*, qui, au sommet d'une colonne isolée, ou d'un pilier extérieur engagé dans la bâtisse, fait office de chapiteau.

Le type le plus simple du *masugumi* est le *funa-hijiki* ; il affecte, avec ses extrémités coudées, la forme d'une barque ; en son centre pénètre le support réel ou simulé *(hashira)*. Le tailloir se nomme *gwangyo*. Une autre sorte de console est le *daito-hijiki* placé entre le *funa-hijiki* et le *hashra*. Il existe une forme plus légère, plus détachée, plus élégante : le *funa-hijiki* surmonté de trois bras *(masu)* qui supportent la poutre transversale. C'est le type *mitsudo*, qui devient *de-mitsudo* quand les *masu* se dégagent mieux et que celui du milieu s'enchâsse dans le mortaisage du support. Le système *masu* peut se développer et comprendre jusqu'à sept groupes. Cette combinaison forme des encorbellements, comme des grappes.

Des pièces de bois émergent, pointent et rayonnent, s'assemblent, s'articulent jusqu'aux extrémités mêmes de la toiture. On distingue tenons, chevilles et toutes les délicates enchevêtrures. En bordure des toits court la double rangée des chevrons, les uns avancés *(hientaruki)*, les autres en retrait *(jutaruki)*, certains en forme d'éventails. Mais jamais de placage, d'enjolivement gratuit. L'effet décoratif se dégage des éléments mêmes de la construction.

Nous devons avant tout apprendre à goûter ce naturel architectural. Ainsi les yeux auront à s'habituer à ce jeu de poutres qui joignent les colonnes et s'enchâssent dans les montants. Ces poutres horizontales *(nuki)* changent de noms suivant leur position et leur fonction. Quand elles traversent les colonnes de part en part, ce sont des *nageshi*.

La présence des colonnes ajoute une note essentielle au jeu eurythmique. Pour pénétrer tout le sens de l'architecture monumentale, il importe de considérer les rangées de ces fûts, de sentir leur rôle dans l'ensemble des proportions, dans le mouvement général des lignes. Les colonnes rondes ou carrées, lisses ou à arêtes coupantes portent généralement sur un soubassement de pierre. Des degrés conduisent au péristyle. Les *nuki* forment une sorte d'entablement. Cet ordre impressionne par un caractère fruste, rustique, sévère et grave.

Les dispositions intérieures du temple varient, elles sont d'une nature hiératique et fixées par les principes de la secte.

Il y a des intérieurs plafonnés, aux caissons moulurés et décorés. Dans d'autres, la charpente est à découvert ; rien n'arrête la montée des colonnes surmontées des consoles à plusieurs branches, jusqu'à la ferme, extraordinaire assemblage de montants, de jambes de force. Tout s'agence pour réduire la portée des grosses pièces. Point de lourdeur, si écrasée que soit l'ossature ! On ne saurait mieux tirer parti, en vue de l'effet, des procédés de construction, assez simplistes et élémentaires. Et l'effet consiste dans un air d'aisance et de facilité.

Fig. 19. — Deux aspects du temple Kiyomizu, réédifié au XVIIe Siècle.

III

C'est à Hôryûji, résidence du prince Shôtoku-taishi, que commence l'architecture bouddhique japonaise.

Le règne de l'impératrice Suiko (593-660) fut une période d'imitation étroite de l'art continental. Durant l'ère Hakuhô (660-728), le goût chinois et le goût japonais se pénétrèrent plus intimement. Enfin la japonisation du style chinois est définitive à l'ère suivante, l'ère Tempyô (729-770).

Durant la période Suiko, l'architecture religieuse est dominée par le système « Sichidô-garan » (monastères composés de sept édifices) qui rappellent le « sangharama » de l'Inde et les grandes bonzeries chinoises de l'époque.

Ces sept édifices sont :

Le *Sammon* : grande porte à double étage, située à l'entrée extérieure et ornée des statues des deux gardiens, les Ni-ô (Déva) ;

Le *Hondô* ou *Kondô* : temple proprement dit où se tenaient les assemblées du culte ; il est habituellement à deux étages et s'élève sur une double terrasse. Le Kondô est quelquefois double, l'un à l'est, l'autre à l'ouest ;

Le *Kôdô* ou *Hôdô* : salle de prédication et d'études ;

Le *Stûpa* : tour à trois ou cinq étages ;

Le *Shôrô* ou *Shurô* : clocher ;

Le *Sôbô* ou *Hôjô*, *Hossô* ou *Shoin* : habitation des bonzes, réfectoire, salle de bains ;

Le *Sazô* ou *Kyôzô*, *Hôzô* : trésor, bibliothèque, dépôt de sûtra.

Il faut ajouter les *Kwairô* : galeries, vestibules.

A Hôryûji, résidence du prince Shôtoku-taishi, fut édifié le premier ensemble architectural bouddhique suivant la disposition des sangharama indous et des bonzeries chinoises.

Aujourd'hui, la vaste enceinte de Hôryûji percée de quatre portes renferme vingt-huit bâtiments. Seuls le *Kondô*, le *Gojunotô* (tour à cinq étages ou pagode) le *Kwairô*, le *Chûmon* (porte du milieu) ont échappé aux catastrophes. Ce sont les plus anciens monuments en bois du Japon et du monde. Autour d'eux, les siècles postérieurs sont représentés par divers groupes de sanctuaires et de bâtiments qu'érigèrent des empereurs, des prêtres, des guerriers venus ici honorer l'œuvre féconde de Shôtoku-taishi.

Sur un soubassement de pierre, le *Kondô* dresse sa masse dont l'impression de stabilité est due à la prédominance des lignes horizontales. Dans la partie supérieure — la partie noble — l'édifice a de la grâce et de la légèreté. Les yeux s'attachent sur la balustrade, sur les chapiteaux à trois coudes *(hijiki)* et sur les toitures si aisément équilibrées. La pagode dans laquelle on a voulu voir « le terme final du stûpa hindou », est, du haut en bas, un monument dans lequel la solidité s'allie à l'aisance.

Tous ces bonzes artistes qui vinrent de l'Est, à l'appel du prince Shôtoku, dirent, sur la terre de Yamato, leur amour des formes mesurées et balancées. Artistes et poètes, ils n'étaient pas moins bons constructeurs.

Parmi les bâtiments postérieurs, le Yumedono ou « palais du rêve » est le plus remarquable ; il date de l'époque Tempyô. A cette place s'était élevée la résidence du prince Shôtoku. C'est un pavillon de forme octogonale posé sur une double terrasse. Il matérialise la pensée du grand réformateur, toute à la Chine !

La période Hakuhô marque le passage du style « suiko », conforme à l'esthétique architecturale de la dynastie chinoise Soei, au style imposant enseigné par la Chine des Tang et interprété par le sentiment japonais.

Simplicité grandiose ! C'est sous cet aspect qu'apparaît la tour de Yakuchuji, le plus remarquable spécimen du « hakuhô ». Elle fait partie d'un groupe d'édifices monastiques de même époque. Un effet de grandeur est obtenu par une combinaison savante de quelques éléments architecturaux et décoratifs.

A cette époque, Nara, nouvellement créée, devient la métropole spirituelle ; la politique et la religion sont étroitement associées ; leurs ministres participent aux mêmes fêtes, aux mêmes cérémonies. Il fallait un cadre, un décor à ces mani-

Fig. 20. — Porte Kokamon du mausolée de Iyemitsu à Nikko (1651, époque Edo).

Fig. 21. — Intérieur de temple à Nikko.

festations extérieures. Le moine Ryôben le crée. L'ensemble des temples qu'il éleva et groupa autour d'un monument central figurait le paradis terrestre. Cette sorte de cité sainte enclose dans la cité, ce fut le Tôdaiji. A diverses époques ces sanctuaires brûlèrent, ils furent renversés au cours des guerres civiles. Toujours on les reconstruisit, avec plus ou moins de fidélité au premier modèle.

Seule, de ce vaste système d'édifices, une chapelle demeure, Sangatsudô, « Chapelle du troisième mois ». Ce n'est bien, en effet, qu'une chapelle, et de style rustique encore ! Elle n'est précieuse que par son antiquité. Elle a assisté à la naissance de Nara, à sa grandeur, à son déclin, à l'incendie des temples dont elle n'était qu'une dépendance, à leur reconstruction...

On a pu les reconstruire, mais l'idée politique et religieuse qui avait inspiré le plan général du Tôdaiji n'était plus ; rien de ce qu'on voit ne permet à l'imagination de le reconstituer.

Non loin, le Tôshôdaiji présente un ensemble qui n'a pas varié. Il est du pur style «tempyô», le dorique du Japon, la première manifestation originale de l'art architectural nippon.

A l'analyse, ce style donne des lignes fermes, appuyées, des jointures robustes et infiniment peu de détails décoratifs. Le temple principal, le *Kondô*, vu isolément, est puissant, bien posé sur son péristyle, avec sept colonnes sur deux façades et quatre sur les deux autres côtés. Mais la beauté du « tempyô » réside dans l'harmonie générale, et, d'un point de vue favorable, on comprend qu'un élément important de cette architecture dispersée c'est l'espace, c'est l'atmosphère.

Le Shinyakushiji est encore un modèle intact de ce même style.

Fig. 22. — Porte Yomeimon, mausolée de Yeyasu, à Nikko, période Edo.

IV

Le transfert de la capitale à Kyôto eut, comme nous l'avons vu, une signification religieuse et politique. Après s'être libéré de l'emprise du cléricalisme de Nara, le gouvernement favorise deux nouvelles sectes, Tendai et Shingon. Elles réforment en profondeur l'Eglise bouddhique, mais elles restent fidèles à la conception des grands monastères. Toutefois, l'aspect de ceux-ci, sur les hauteurs boisées, diffère grandement de la physionomie des beaux ensembles symétriques qui, à Nara, s'étalaient sur une surface plane. Ils épousent les courbures du terrain, ils se soumettent aux différences de niveau. Les bâtiments s'élèvent en désordre. Nara semble exprimer une pensée sûre d'elle-même, maîtresse du monde. On dirait que Tendai, sur le mont Hiei, que Shingon, sur le mont Koya, marquent une inquiétude, un trouble de l'âme.

L'édifice est tenu de s'adapter à des formes nouvelles du culte, la construction en étages est plus fréquente. Des bâtiments apparaissent qui n'existaient pas à Nara ; par exemple, le *tahotô*, sorte de pagode circulaire avec dôme. A Muroji, la secte Shingon crée un modèle de *Kondô* et de tour à cinq étages, surmontée d'une flèche de pur style chinois.

Dans le temple, on remarque des détails répondant aux conceptions religieuses des sectes. Ainsi à Enryakuji, sur le mont Hiei, un pilier en bronze, le *sorindo*, reposant sur un socle de pierre, contient les reliques saintes. Maintes innovations marquent un effort de japonisation du bouddhisme et, par suite, de l'architecture bouddhique. Sous les Fujiwara, le Japon s'affranchit tout à fait de l'influence chinoise ; il s'établit dans sa civilisation.

Alors prédominent les qualités de légèreté, de délicatesse, d'élégance qui s'étaient manifestées à l'époque de Nara, qui avaient caractérisé le style « tempyô ».

Le monument s'individualise, il vaut par lui-même, par son ornementation propre, il suffit à créer un cadre.

Il y a moins de hauteur que précédemment. Les lignes courent plus près du sol, le toit s'abaisse. L'édifice est en largeur, il se déploie autour d'une partie centrale. Rien de fragmentaire ; tout se tient et se combine. Accoutumé aux temples rectangulaires, on a moins l'impression d'être devant la demeure de Bouddha qu'en face d'une résidence princière. L'intérieur a un air de salle de palais. Colonnes, plafond, poutres, chevrons, sont revêtus de peintures claires, représentant des fleurs, des figures, des motifs. La nacre apporte dans cette harmonie une note vive. L'autel se dresse sous un somptueux baldaquin.

Byodô-in ou Hôwôdô à Uji, près de Kyôto, est le plus beau reste de cette architecture. Ce temple faisait partie de la villa élevée en 1050 par un des Fujiwara. Dédié à la Foi ou à Amida, il est construit suivant un plan symbolique. La partie centrale est censée représenter le corps du phénix (hôwô) ; les galeries à droite et à gauche représentent les ailes, la salle à étages, à l'arrière, figure la queue. Devant la façade, s'étend le lac des huit vertus. Le tout forme le paradis d'Amida.

Des édifices de moindre importance portent la marque du même esprit de recherche, comme la pagode à cinq étages de Daigoji et le Hondô de Ishiyama.

Le goût du décor à larges plans et du symbole aimable est la marque de l'architecture sous l'aristocratie des Fujiwara.

V

Kamakura ! Un monde finit, une civilisation commence.

C'est une époque de confusion idéologique et esthétique. Le style national tel qu'il s'est formulé aux époques Tempyô et Fujiwara, le « wayô » résiste aux nouveautés; jusqu'au milieu du xiiie siècle, il inspirera les architectes: le Tchion-in, le Sanju-Sangendô à Kyôto. Le style chinois ou « karayô », c'est-à-dire le style Song propagé par la secte Zen, lutte contre les influences autochtones : on le reconnaît dans le Engaku-ji à Kamakura. Le style indien ou « tenjikuyô » cherche à s'implanter : le Daïbutsu-den de Tôdaiji ; il est caractérisé par une construction ramassée, compacte ; les consoles se développent en sept rangées. Un style hybride, participant du « wayô » et du « karayô », apparaît au xive siècle.

L'architecture de la dynastie chinoise des Song flatta le goût japonais. Il y a un air de noblesse hautaine, de sévérité ascétique dans le *Shari-den* de Engaku-ji à Kamakura, et cependant quelque chose plaît à l'esprit et égaye les yeux. C'est l'ordonnance rigoureuse du tout, c'est aussi l'arrangement symétrique des parties, l'art très sûr du détail. La ligne courbe est d'une suprême grâce ; elle termine la partie supérieure des rampes, des portes, des fenêtres et constitue, sous le nom de *katoguchi*, le caractère principal de l'architecture Zen.

Le *Shari-den* du temple Engakuji a été construit à la fin du xiiie siècle pour recevoir la « dent de Bouddha » qu'une ambassade du shogun Minamoto avait rapporté de Chine en 1217. De tous les temples élevés à cette époque à Kamakura, le *Shari-den* est le seul qui subsiste.

Sous les Ashikaga, le style Zen domine. Comme à l'époque de Suiko et de Heian, l'architecture de ce temps est monastique. La secte s'installe sur des espaces boisés, sur un terrain mouvementé, dans des séries de bâtiments reliés par des corridors ou par des passages. Sanctuaire de Bouddha, salle de prédication, dépôt de sûtra, clochers, cellules... Tous ces édifices sont dispersés ; point de dispositions symétriques comme autrefois. Face au Sud, se dresse une porte monumentale à deux étages, le *sammon*.

Kyôto comme Kamakura possède cinq temples Zen. Mais tandis que ceux de Kamakura sont petits en hauteur, couverts de chaume et d'aspect sévère, ceux de Kyôto ont grande allure avec leur double toit, leurs ailes nombreuses.

Le *hattô*, ou salle de prédication du Daitokuji à Kyôto est particulièrement caractéristique de l'architecture zen. Un système, compliqué de chapiteaux à trois développements, supporte les toits dont les extrémités se relèvent comme les branches d'un éventail ; entre les colonnes, s'alignent les fenêtres en forme de cloche. A l'intérieur l'autel est placé haut ; le plafond est peint.

Dans quelques-uns des édifices de ces monastères le style « zen » peut se combiner avec le style « Tenjikuyo », censément indou. Le meilleur exemple en est la porte *Sammon* de Tôfukuji à Kyôto, robuste et légère à la fois sur ses cinq colonnes de façade et ses trois colonnes de côté, avec ses toits aux ailes relevées et sa balustrade séparant les étages. L'intérieur est délicatement décoré ; piliers, poutres, chevrons sont couverts de dessins et de peintures : dragons, vagues, fleurs, motifs en honneur au début de la dynastie chinoise des Ming.

A ce même monastère de Tôfukuji, commencé en 1236 et achevé en 1255, le *kendô*, ou pavillon de méditation, est un modèle de pur style « zen ». Tous ces monuments élevés à cette époque par la secte sont remarquables par la variété des détails qui ne nuit d'ailleurs pas à l'effet de simplicité.

Fig. 23. — Intérieur du Daiyuin, faisant partie du mausolée de Iyemitsu,
à Nikko, édifié en 1654.

VI

Durant l'époque Ashikaga, le style proprement japonais, le «wayô», se maintient, mais ses formes sont dégénérées. Des parties ornementales se développent aux dépens de la signification esthétique de l'ensemble, les chapiteaux sont plus grêles, les piliers s'amenuisent. L'exagération de la légèreté ornée caractérise la décadence du « wayô ». Divers édifices relèvent de ce style : la pagode Yasaka (cinq étages) à Kyôto, la pagode de Kôfukuji (cinq étages) à Nara, toutes deux d'une grâce frêle.

Une autre architecture aimable apparaît. Des pavillons se dressent dans les jardins. Ils ne sont pas proprement religieux, mais leur esthétique dérive de l'esprit zéniste. On s'y livre à la méditation, à la contemplation ; on s'y réunit pour converser sur la nature et sur l'art. Ces édifices, nommés *cha-seki*, parce qu'on y accomplit la « cérémonie du thé », ou encore *shoïn-tsukuri*, sont d'une rusticité recherchée.

Sur ce modèle deux monuments s'élevèrent. Le Kinkakuji ou « temple d'or » et le Ginkakuji ou « temple d'argent » présentent deux aspects : simplicité zéniste et richesse aristocratique. Ce siècle d'épicuriens, d'hédonistes se rappelle volontiers un autre temps d'élégance et de plaisirs, l'époque Fujiwara. On décore, on laque d'or et d'argent les pavillons de jardins comme on faisait aux ixe et xe siècles, quand les princes transformaient leur villa en temple.

Le « temple d'or » ou Kinkakuji, près de Kyôto, est tout ce qui reste des pavillons de méditation élevés en 1397 par le shogun Ashikaga Yoshimitsu. Un tel lieu fut, pour ce grand politique devenu bonze, comme une oasis. Après sa mort, l'ensemble de ces plaisants édifices fut converti en monastère.

Kinkakuji est une construction de trois étages, sur les bords d'un étang. Il relève de l'esthétique monumentale basée sur un rapport déterminé entre les éléments constitutifs, il est paré aussi de la douceur et du charme des pavillons de retraite. Les trois chambres du premier étage sont décorées de peintures d'anges, d'oiseaux mythiques, de fleurs, d'instruments de musique. Autour du deuxième étage court un balcon dont les rampes portaient des feuilles d'or.

Le temple d'argent, construit à Kyôto en 1480, appartient mieux encore aux jardins qui l'encadrent ; il est une note dans le paysage. On le voit comme une réduction du précédent, mais, seul, l'esprit rustique de la « chambre de thé » l'anime.

Jusqu'au xive siècle, l'architecture religieuse est sans rivale. L'édifice civil ne s'écarte pas du type *shinden-tsukuri* qui dérivait d'un système de constructions impériales chinoises adopté à l'époque de Nara.

Le *shinden-tsukuri* se composait d'une grande pièce centrale, le *shinden* ou chambre à coucher, communiquant par des corridors avec d'autres chambres. L'extérieur rappelait l'allure du temple ; un toit quadrilatéral couvert de chaume et légèrement penché reposait sur sept colonnes de façade.

A l'époque de Kamakura s'élève une demeure d'un caractère nouveau, le *buke-tsukuri*, vaste résidence des seigneurs féodaux et de leur nombreuse suite, signalé de loin par une porte en forme de tour, attenante à une palissade de bois.

Toutes ces demeures impériales, princières, féodales sont jusque-là sans originalité propre.

Avec l'enseignement zéniste la religion essaime hors de l'enceinte monastique. Un culte s'institue d'ordre esthétique. Puis cet esprit pénètre la politique, et, au xvie siècle, des monuments disent la prééminence du pouvoir séculier, la grandeur, la force de l'Etat. Ce sont des châteaux fortifiés comme ceux d'Osaka ou de Nagoya, des palais, des portes monumentales, des mausolées.

Certains édifices de Zen, comme les pavillons d'or et d'argent de Kyôto, offraient un type d'habitation. Ce *shinden-tsukuri*, dans les années Momoyama, prend de l'importance, se développe, s'enrichit. C'est une époque de libres recherches dans l'embellissement du logis.

L'architecte n'est plus le maître souverain, le peintre, le sculpteur œuvrent sans souci de l'ensemble. Plus d'étroite subordination du travail décoratif à la construction ; l'ornement vaut par lui-même. Cependant, la maison nouvelle reste

Fig. 24.
Statue en bronze de Kwannon,
du vi^e Siècle.

Fig. 25.
Statue en bronze doré de Kwannon,
du vi^e Siècle.

fidèle au cadre des pavillons de jardin. Elle se place dans un lieu retiré, dans un coin de nature solitaire, arbres et pièces d'eau l'entourent ; il lui faut une ambiance recueillie, paisible.

Le *Samboïn* de Daïgoji, près de Kyôto, est le plus ancien modèle de ces demeures aristocratiques. Sur cet emplacement s'élevait, au xiie siècle, un groupe de temples ; il n'en restait plus qu'un, en 1598, quand le taikun Hideyoshi Toyotomi y fit aménager une résidence.

Dans le domaine du temple Nishi-Hongwanji, à Kyôto, se voit un modèle de *shinden-tsukuri* de la même époque. Le Katsura-no-gosho, maison de campagne près de Kyôto, offre une harmonieuse adaptation du « pavillon de thé » à la villa princière.

Maints palais apparaissent comme de vastes *shinden-tsukuri* avec des parties de château fort.

La porte *Karamon* témoigne encore de la magnificence de cette époque. C'est une sorte d'arc de triomphe.

De tous temps, depuis la première époque de sinisation, cette sorte de monument tint une place importante dans les conceptions de l'architecte japonais ; *sammon :* entrée principale des monastères ; *chûmon :* porte du milieu ; *somon :* première porte ; *nandaïmon :* grande porte du Sud et d'autres encore qui se dressent dans l'enceinte comme les gardiens des divers édifices. Mais le style du *karamon* est particulier. Il dérive d'une forme en usage dans l'architecture féodale de Kamakura et du *sammon* élégant de l'architecture zen.

Le *Karamon* du Daïtokuji à Kyôto provient du palais de Hideyoshi. Cette porte est faite de quatre colonnes et d'un toit mollement infléchi. L'ornement fait partie intégrante de cette puissante structure. A la sculpture du bois s'ajoute un décor de métal.

Le *Karamon* de Nishi Hongwanji à Kyôto a été, comme le précédent, transporté d'un château de Hideyoshi. L'ornementation très chargée ne nuit en rien à la puissance du galbe. Le toit, dans la partie avancée en fronton, a une forme ondulée. Quatre colonnes principales et deux plus faibles le supportent.

Ainsi, à l'époque Momoyama, l'architecture laïque surpasse en grandeur et en beauté l'architecture religieuse, à tel point que celle-ci se transforme à son image.

7

46

Le monastère Nishi-Hongwanji à Kyôto relève, dans bien de ses parties, du *shinden-tsukuri* avec sa suite de chambres de résidence princière ou de pavillon de thé. C'est aussi une construction de palais gouvernemental. L'immense salle nommée Kono-ma semble avoir été faite pour une assemblée d'Etat.

Les styles anciens d'architecture religieuse sont délaissés, « wayô », « tenjikuyô ». Seul le « kwanshiji » est encore utilisé. Mélange heureux de lignes dérivées des formes chinoises, japonaises et indoues, il imprime sa marque sur divers temples, notamment le Hôkôji de Kyôto (1586).

Fig. 26. — Statue en bois de Kwannon, VIIᵉ Siècle.

VII

Une étude sur l'architecture religieuse au Japon doit se clore à l'avènement
du shogunat des Tokugawa (1598). Il n'y a plus de styles monastiques ; les temples
offrent un mélange de formes empruntées aux époques antérieures. L'ornement
dévore la ligne ; le détail pèse sur l'ensemble et en détruit l'harmonie. Les sanctuaires qui se construisent encore répondent au goût et aux sentiments populaires :
le temple d'Asakusa à Tôkyô.

Cependant un esprit architectural est apporté de Chine au xviii⁰ siècle par
un bonze, fidèle sujet de la dynastie Ming et supérieur du monastère central d'une
branche de Zen. Il fit édifier à Uji, près de Kyôto, en 1659, un temple dans la
manière des constructions ecclésiastiques des Ming. Ce style prit le nom de Obaku
qui désignait la nouvelle secte de l'Eglise Zen. Il n'a rien de comparable au style
zéniste des époques Kamakura et Ashikaga.

Bien que d'inspiration chinoise, le temple de Uji, baptisé Mampukuji, porte
une marque japonaise. Ce qui s'explique par la participation d'architectes indi-
gènes à la construction du temple. A cette époque, le style national de Edo,
déterminé par une double renaissance du Confucianisme et du Shintoïsme d'Etat,
était dans sa première force.

Les entrées de Mampukuji ont de l'ampleur. Un des édifices, le *Tennôden*,
la chapelle du Fils du Ciel, tient du temple et de la porte monumentale. Il précède
le temple principal, le *Butsuden*, qui se dresse sur une haute terrasse et supporte
une large toiture aux extrémités hardiment relevées. Les cours spacieuses sont
traversées par des galeries joignant les diverses parties du tout.

Mampukuji, passé au vermillon, sent l'arrangement et la composition. Par là, il se rapproche du mausolée.

La philosophie de cet âge, à la fois confucéenne et shintoïque, explique l'importance donnée au monument funéraire. Les architectes des Tokugawa créent le style *gongen* qui s'applique à ces sortes de temples laïques où l'on rend un culte au héros divinisé.

Dans ce système architectural, la salle principale, *honden*, est reliée à la salle du culte, *haiden*, par un passage couvert.

Les plus beaux mausolées sont ceux de Nikkô.

Le groupe de *Tôshôgu* consacré à Iyayasu, fondateur du shogunat Tokugawa, comprend un sanctuaire central et une série d'édifices : pavillons de prières, de musique, des palanquins, de danse sacrée, des livres saints, du trésor, les tours de la cloche, du tambour et sur la hauteur le stûpa indiquant la sépulture. Les ors, les verts, les rouges, les bleus, les blancs se posent en touches vives sur les panneaux et dans l'entrelacs d'innombrables sculptures de figures humaines, d'animaux, de plantes.

Yômeïmon surtout, porte à deux étages, chante sous sa polychromie, sous ses découpages et ses ciselures.

Nikkô possède encore le mausolée *Daiyu-in* où repose Tokugawa Iyemitsu. Son style plus sévère rappelle l'architecture et l'ornementation bouddhiques, tandis que le style de Tôshôgu est empreint d'un caractère shintoïque.

Mais le style n'est plus en rapport avec la foi. On l'utilise comme élément de décor. L'époque ne se soucie que du plaisir des yeux. Elle apporte, dans cette sorte de mise en scène, un esprit prodigieux d'invention.

C'est dans le même sentiment qu'elle s'adonne à l'œuvre de restitution architecturale. Les Tokugawa entreprennent de relever les nombreux monuments ruinés par les guerres civiles du temps des Ashikaga. On leur doit notamment la réédification de Kiyomidzudera, à Kyôto.

Sur cet emplacement, un petit temple avait été consacré, dans les premières années du Bouddhisme, à la déesse Kwannon ; en 798, l'empereur fit annexer une résidence à la chapelle. Le feu anéantit à plusieurs reprises ces bâtiments toujours fidèlement reconstruits. Ceux d'aujourd'hui datent de 1633.

Cette construction présente quelque intérêt par son agencement. Placée sur le flanc abrupt d'une montagne, à l'entrée d'une gorge, elle est supportée dans ses diverses parties, par des pilotis dont la hauteur varie suivant le niveau très inégal du terrain. Les salles et chambres en avant corps ou en retrait, librement ouvertes à la lumière extérieure, les terrasses sur divers plans, les balcons, les toits en lignes brisées, les escaliers à nombreux paliers, les fontaines, les lanternes de pierre et de bronze, tout cela constitue le plus joli, le plus amusant des décors.

Bien d'autres temples et de monastères restaurés en ces trois derniers siècles présentent, dans le paysage, une physionomie décorative. L'architecte fait collaborer le monument et la nature qui, par elle-même, semble apprêtée et arrangée. Il fait de l'architecture paysagiste ou sépulcrale. Il est au service d'une idée et non plus d'une foi.

Fig. 27. — Statue en bois de Kwannon, VIIe Siècle.

III

LA STATUAIRE

Fig. 28. — Statue en bois de Jûichimen Kwannon, VIIIe Siècle.

I

Suivant la légende, la première image bouddhique fut faite par un fabricant de selles, nommé Shiba Tatto, natif du Céleste Empire. Peu après, arrivèrent les statues de Corée.

La péninsule imitait l'art pratiqué dans la Chine septentrionale par des sujets de la dynastie des Wei.

Etrange destinée que celle des dynastes Wei !

Au IIIe siècle de notre ère, une des nombreuses peuplades nomades, mongoles, mandchoues ou scythes, qui, depuis des siècles, allaient et venaient entre la mer Caspienne et les rivages de l'extrême Asie, s'était fixée et installée dans le nord-ouest de la Chine. Son chef fonda le royaume des Wei qui, de proche en proche, s'empara de toutes les contrées septentrionales.

Dans les steppes de l'Asie centrale, ces nomades avaient connu la doctrine du « Grand Véhicule » ; ils en favorisèrent l'expansion. Ils avaient connu aussi sur ces routes du Turkestan, qui conduisaient aux frontières de l'Asie antérieure et de l'Europe, l'imagerie bouddhique influencée par l'esthétique et la technique des ateliers hellénistes de Pergame, de Tralles, de Rhodes.

Les belles explorations d'orientalistes anglais et allemands et surtout les fouilles de M. Paul Pelliot, en 1906 et 1907, dans le bassin du Tarim, ont exhumé de nombreux documents sur le passé de l'Asie centrale. Les morceaux de sculpture sont particulièrement remarquables ; ils témoignent des influences méditerranéennes loin vers l'Orient. Le goût hellénistique est frappant dans le balancement du geste, dans l'agencement des draperies, dans la pose des personnages, dans le rendu des cheveux et le délié des traits, dans l'expression régulière et spirituelle de la physionomie. Ce goût s'est cependant quelque peu altéré au contact de l'âme guerrière des Touraniens et des Scythes. Quelque chose de rude trouble l'attitude calme et recueillie des divinités et gardiens de Bouddha ; sous les lourds vêtements ou les grosses armures, ils perdent de leurs qualités plastiques.

Une fois assimilés aux Chinois, les Wei, obéissant à la coutume des peuples de l'Asie centrale, sculptèrent des divinités dans les grottes artificielles du nord du Chansi et, plus tard, en se rapprochant du cœur de la Chine, dans les grottes de Longmen.

Ces dernières furent étudiées en 1907, par M. Edouard Chavannes. Elles sont peuplées de Bouddhas et de Boddhisattvas de l'Ecole miséricordieuse du Nord.

« Ces statues, dit M. Chavannes, ont une douceur de l'expression, une grâce de la pose que les autres époques n'ont pas su rendre avec autant de bonheur ».

Elles ont la fraîcheur, la pureté de ces figures gandhariennes exécutées suivant l'enseignement des *graeculi*, de ces peintres, sculpteurs, fondeurs, mosaïstes qui couraient les routes de l'empire romain. Quelques-unes, cependant, se distinguent par une raideur hiératique qui indique un éloignement de la tradition. Ce caractère se remarque surtout dans le défilé de Longmen, dont l'œuvre sculpturale, commencée par les Wei, fut terminée en 675 par la dynastie Tang.

Là, dans ce centre de la vieille Chine, les réminiscences occidentales sont moins nettes. Une influence nouvelle se fait sentir, celle des provinces méridionales de Chine où l'art bouddhique, venu de l'Inde par voie de mer, était très différent de l'art du Gandhâra et de l'Asie centrale. L'esprit tourmenté qui, dans le Turkestan, commence à animer les figures sereines du Gandhâra s'accuse à Longmen. Et le style hiératique qui perce dans le royaume Wei du Chansi, se précise dans les attitudes et dans le rendu des draperies. Des symboles et des attributs compliquent la statuaire, ils proviennent de la Chine propre, de la Chine des lettrés et des régions du Sud asiatique touchées par l'enseignement du « Petit Véhicule ».

Cet art composite, cet art Wei et Tang de Longmen, c'est-à-dire gréco-sino-bouddhique, le Japon le connut au début du viie siècle, quand il envoya sa première ambassade auprès du souverain chinois. Jusque-là, l'empire insulaire, en communication avec le continent par les routes difficiles de la Corée, n'avait eu connaissance que de l'esthétique transmise par les nomades d'Asie centrale, de Mongolie et de Mandchourie.

Fig. 30. — Statue en bois de Fudo-Myôô, attribué à Kobo-taishi, VIIIᵉ Siècle.

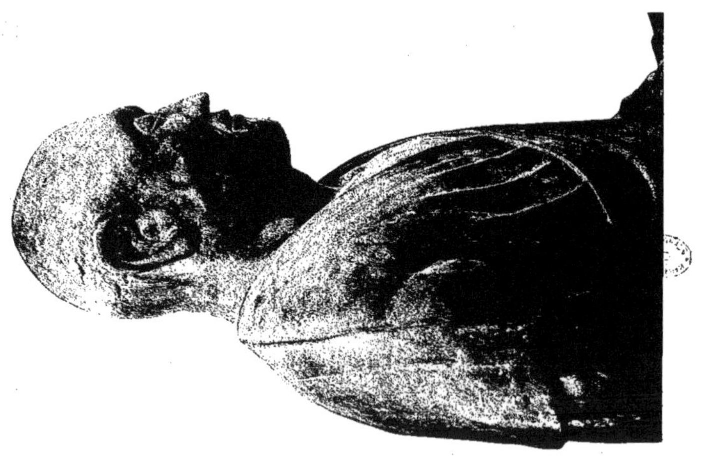

Fig. 29. — Statue en laque séchée du moine Kanshin, créateur du temple Tôshôdaiji, époque "Nara", VIIIᵉ Siècle.

La grâce, le naturel des premières statues gréco-bouddhiques ravirent tout de suite les Japonais. Ils admirèrent et vénérèrent leurs maîtres étrangers, les Coréens comme Mita, les Chinois comme Tasuna, Tori, fils et petit-fils de Shiba Tatto, le fabricant de selles. Mais ceux-ci ne furent pas sans subir l'influence du goût indigène. Ils avaient été vite conquis par la douceur de cette civilisation insulaire. Toutes leurs images de bois, de terre reflétaient un esprit qui était bien du Japon.

Les premières statues furent en *kanshitsu* — littéralement : laque séchée, — sorte de substance malléable que l'on versait, après l'avoir mélangée avec de la terre et des fibres, sur une armature de bois ; après quoi, l'on modelait la statue. Une autre méthode consistait à creuser le moule de la statue dans lequel argile et laque étaient coulées. La pâte de laque fut, par la suite, moins employée que le bois.

Dès le vi^e siècle le Japon connut l'art de fondre et de couler le bronze, ainsi que les procédés de dorure de cet alliage. Quelques statues du premier âge sont formées de deux plaques de métal travaillées en repoussé et rivées.

Certaines œuvres en bois et en argile furent peintes, d'autres en bronze et en *kanshitsu* furent dorées.

Les statues de la première période sont d'une exécution naïve. L'outil n'était pas assez ferme pour reproduire le modèle Wei. On suppose que le sculpteur ne se servit d'abord que d'un couteau à lame droite. Les figures sont rectangulaires, le corps est aplati ; l'ensemble manque de proportions ; la chevelure tombe durement sur les épaules, le vêtement se divise de chaque côté en deux pans raides, comme des ailerons.

Ce vêtement est représenté par une robe montante ou par une simple draperie recouvrant le bas du corps. Dans les deux cas, une écharpe tombe des épaules, se croise sur les genoux ou sur l'un des bras.

Le statuaire japonais, interprétateur des figures rupestres de Yunkang et de Longmen, est particulièrement attentif à la disposition des étoffes. Ces plis, ces courbures, ces zigzags ont souvent l'accent nerveux du modèle ; ils traduisent le sentiment du personnage représenté. Il y a des divinités assises, jambe droite repliée sur la gauche, coude droit appuyé sur le genou. Le haut du corps est quelquefois nu, traversé d'un collier ; les jambes sont recouvertes d'une draperie aux plis sinueux.

La sculpture sur bois imite les mêmes formes ; elle obtient des effets plus doux, plus gracieux.

Les œuvres les plus remarquables de cette époque sont la Kwannon (Avalokitesvara) en bronze doré (Musée Impérial), la Kwannon en bois de Hôryûji, et le groupe Shaka et ses deux assesseurs Yakao et Yakuji en bronze ; une inscription indique la 31e année de Suiko, c'est-à-dire 623.

La statuaire Tang, connue sans l'intermédiaire coréen (période Hakuhô, 660-728), produisit une forte impression au Japon. Elle était caractérisée par une représentation humaine des personnages, par un rendu réaliste du corps et des vêtements. Déjà le style des Soei, transition entre la manière Wei et la manière Tang, avait marqué, à travers des formes encore hiératiques, une tendance en ce sens. La sculpture nippone resta attentive au développement de l'art Tang, durant les périodes Tempyô et Heian (729-770 et 782-805), jusqu'à la chute de cet art dans le baroque.

Sous l'influence directe de la Chine, les Japonais interprétèrent suivant leur tempérament propre les grandes figures du Bouddhisme. Et d'abord, la divinité désignée aux Indes sous le nom d'Avalokitesvara, le créateur et le protecteur du monde, d'après la cosmogonie du Mahâyâna.

Ses nombreux bras et ses multiples mains sont le symbole du secours suprême. Ses attributs principaux sont les disques du soleil et de la lune, le sistre, la roue de la loi, la flèche, la lance, le panier à poissons, le joyau, le rosaire, le vase, l'aiguière, la branche de saule, le lotus. En Chine, Avalokitesvara se nomme Kouan-yin, c'est une déesse. Au Japon Kwannon n'a pas de sexe.

Cette divinité, distributrice des grâces d'Amida, le sauveur des hommes, reçoit, à la fin du VIIe siècle et au VIIIe, un culte fervent. Les Japonais de cette époque, avec leur esprit positif et sentimental, à la fois, débarrassent la représentation de Kwannon de tout ce qui fait de cette divinité, aux Indes et en Chine, sous l'influence des superstitions tantriques, une figure monstrueuse, extravagante, une création qui offense les yeux et la raison. Ils humanisent, ils adoucissent le troublant symbole tout en demeurant fidèles aux canons établis.

Le génie clair et simple de ce peuple qui, dans les temps prébouddhiques, ignorait l'art et vivait en beauté, a fait une Kwannon à son image.

La divinité est représentée sous divers aspects. Avec onze visages qui symbolisent l'omniprésence *(Ju-ichi men Kwannon)*, avec mille bras *(Sen-ju Kwannon)*, avec six bras, une des mains tenant le « véhicule sacré » *(Nyo-i-rin Kwannon)*.

La Kwannon de la chapelle Sangatsudô à Nara, possède huit bras, des mains innombrables, trois yeux, l'un dans ses mains jointes. Artistes et philosophes japonais se plaisent à voir dans cette statue une image d'harmonie, d'ordre et d'unité. On admire l'effet d'équilibre dont les statuaires nippons se montrèrent de bonne heure soucieux, effet produit ici par la disposition des quatre bras de face qui recueillent et adressent au ciel la prière des hommes. Cette superposition de gestes réalise un mouvement rythmique impressionnant. Kwannon fait de ses mains appliquées l'une contre l'autre le geste nommé « samaya » qui signifie l'accomplissement de la perfection, l'obtention du nirvâna. Mais suivant l'idée égalitaire et altruiste du Grand Véhicule, encore accentuée par le Bouddhisme japonais, ce signe mystique ramène à cette pensée que « le Bouddha et les Hommes et tous les Etres et l'Univers ne font qu'un ».

Tout autour du corps, agrandi par le geste, rayonnent les mille mains secourables ; elles disent la piété, la charité bouddhique, le pouvoir illimité de la divinité dont le visage rond et plein s'éclaire d'une expression purement humaine. Quelques mains plus avancées tiennent les attributs de Kwannon. La tête porte une couronne d'argent entourée de perles, d'agates, d'émeraudes et surmontée de onze visages ; au centre, sur un nimbus, se détache un petit Bouddha (Amida).

La robe monastique tombe en plis ordonnés et souples sur les jambes. L'écharpe dont s'enveloppent les divinités marque le haut des genoux, et, à partir de là, le corps s'élance, s'anime. Cette statue en laque séchée est signée : « Un homme des Cieux » ; elle aurait été exécutée en l'an 733. A ses côtés on distingue Bonten (Brahma) et Taishakuten (Indra).

Le statuaire japonais a affectionné aussi la représentation de Kwannon en méditation, assise, la jambe gauche pendante, la droite posée sur le genou gauche, le coude droit appuyé sur le genou droit et le menton posé sur les doigts.

La statue de Bonten (Brahma) qui flanque la Kwannon de la chapelle Sangatsudo est en argile et porte des traces de couleurs et de feuilles d'or. Le manteau du cénobite, étroitement clos, a une raideur, une pesanteur conventionnelles ; les pans de la ceinture soigneusement noués et disposés, sont pareils à un motif ornemental. Ce schématisme linéaire du drapé aide à pénétrer la spiritualité de l'image ;

il met aussi en valeur les traits du visage. La vie commence dans les manches, elle éclate dans les mains, aux fines attaches, pieusement jointes.

Ce rapprochement des mains, assez léger pour laisser du vide entre elles, avec les doigts faiblement entrelacés, dit toute la pensée du saint, calme, ordonnée, appliquée, engagée enfin dans les profondeurs de la méditation, dans la voie qui conduit à l'Illumination. Et à cette expression répond, plus impressionnante encore, celle de la physionomie, empreinte de bonté, de douceur, d'indulgence. C'est l'expression benoîte des Boddhisattvas du « Grand Véhicule », de l'école japonaise particulièrement. L'ascète ici n'exprime pas un renoncement supérieur, ne poursuit pas égoïstement l'Illumination ; il reste secourable, attaché aux contingences humaines.

Cette figure de Bonten est infiniment touchante. On en aime l'avancement et les contours sinueux des lèvres, toute l'éloquence de la bouche, la rondeur du menton, l'allongement du nez, la fente des yeux qui laissent filtrer une lueur de l'âme compatissante, la large courbe des arcades sourcilières, la surface lisse du front. Tout concourt à produire un bel effet d'harmonie. Il est d'ailleurs possible que cette figure, si purement traitée, se ressente de quelques influences hellénisantes. Elle s'encadre discrètement de tout l'appareil hiératique, du chignon cannelé de Brahma, avec son diadème et sa pierre précieuse, du lobe distendu des oreilles.

Dans la « Chapelle des Commandements » *(Kai-dan-in)* du Tôdaiji moderne se trouvent quatre statues célèbres de la même époque. Ce sont les quatre « rois gardiens » qu'a illustrés la statuaire de l'Asie centrale et de la Chine du Nord. Ces personnages protègent le monde contre les attaques des démons et chacun est préposé à la garde d'un des quatre points cardinaux. Ils étaient connus au Gandhâra sous les traits de beaux adolescents, le corps presque nu. C'est au Turkestan qu'ils prirent l'attitude belliqueuse sous laquelle ils furent désormais représentés.

La mission Pelliot fut mise en présence, dans les grottes de l'oasis de Touen-Houang, d'un grand nombre d'œuvres sculpturales parmi lesquelles ces quatre rois gardiens, animés d'une vie intense, qui soulève leurs armures, tend leurs muscles, exaspère leurs traits. Dans le défilé de Longmen, en Chine, on retrouve les mêmes colosses. C'est le modèle dont s'inspira le Japon qui ne fut probablement pas aussi sans connaître le type du Turkestan.

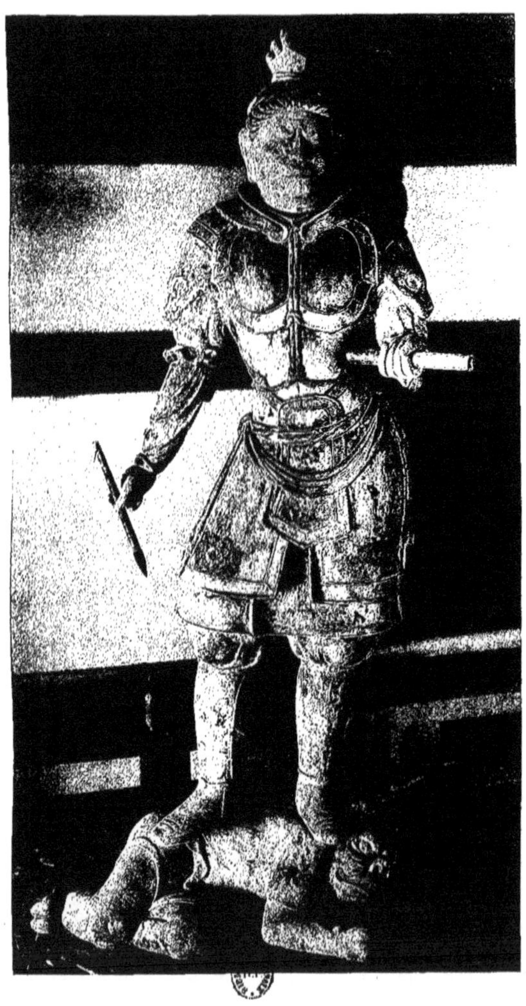

Fig. 31. — Kômokuten, un des quatre rois gardiens; VIIIe Siècle.
Statue en laque séchée.

Il faut éviter de confondre les « quatre rois gardiens », les *Shitennô*, placés à l'intérieur du sanctuaire, avec les *Ni-ô* qui gardent la porte extérieure des temples. Ceux-ci d'une exécution postérieure de quatre siècles ont une expression grimaçante, des gestes convulsés. Au contraire, quand on examine les *Shitennô*, on retrouve tous les traits distinctifs du goût de l'époque, un juste, un harmonieux équilibre dans l'allure générale, dans le mouvement des membres, de la sobriété dans l'arrangement du vêtement, de la noblesse dans l'attitude, de la modération dans l'expression physionomique.

L'un des plus remarquables de ces rois gardiens, de ces défenseurs de la loi qu'on admire dans la chapelle des commandements, c'est Virudhaka (en japonais Zôchô-ten). Il surveille le Sud. L'armure turcomane colle au corps. Tout est minutieusement calculé en vue de l'effet total. Le torse, à la ceinture, s'évase, la poitrine se dilate, et la physionomie émet la note forte, dramatique. Là, tout est dans le visage ; le corps, sauf les mains, apparaît comme un support qui vaut par l'arrangement esthétique ; ainsi l'écrasement du démon n'a rien de réel, c'est un simulacre. Fixons surtout ce visage courroucé, il faut longtemps le contempler pour exprimer son contenu.

Les trois autres « rois gardiens » (Dvarapâla) qui figurent au Tôdaiji sont le gardien du Nord, Tamonten (Vaicravana) portant dans sa main droite la bannière, dans sa main gauche un petit stûpa ; le gardien de l'Ouest, Kômokuten (Virûpâksa) tenant de la main droite un joyau, de la gauche un serpent ; le gardien de l'Est, Jikokuten (Dhritarâstra) qui a pour attribut un instrument à cordes. (La terminaison *ten* signifie *déva*, dieu).

L'œuvre qui est considérée comme marquant à cette époque le plus haut point de la perfection artistique et technique est le Yakushi (Bhaisajyaguru) ou dieu guérisseur et ses deux assesseurs, du temple Yakushiji, près de Nara ; tous trois mesurent quatre mètres. C'est, en tout cas, l'œuvre de bronze la plus représentative de l'art Tang japonais. Suivant l'Histoire, ce groupe aurait été commandé par l'empereur, en 680, pour obtenir du Ciel le rétablissement de l'impératrice gravement malade, et achevé sur l'ordre de celle-ci, après la mort de son époux.

L'ensemble est majestueux. De la figure centrale émane une force sûre d'elle-même, le geste se détache... On considère que le front et le nez sont conformes au style indo-grec. La manière de traiter la draperie mouillée qui couvre les jambes paraît être également hellénistique ; mais l'esprit décoratif qui a disposé le bas de la robe sur le socle appartient aux conventions de l'art des Tang. De même, les Boddhisattvas qui entourent le Yakushi ont l'attitude inclinée et déhanchée en faveur au déclin de cet art.

Le piédestal témoigne d'influences hellénistiques, avec ses pampres et ses rinceaux, qui se mêlent aux oiseaux et aux dragons.

Il faut citer, parmi les œuvres du viiie siècle portant la marque du goût japonais, les rois Devas de Hôryûji, en bois, et la triade en bronze des Amida également de Hôryûji.

. Au nombre des figures qu'on ne se lasse pas d'interroger sont les huit Génies Auxiliaires des quatre rois gardiens, divinités dont on ne trouve pas trace dans le Boudhisme indien et tibétain.

Ils sont en laque sèche, placés dans le temple Kofukuji de Nara. L'un d'eux a le masque bestial relevé sur la tête. C'est un jeune garçon mafflu, riche de sève ; il cache sa pensée et, sûr de lui, attend l'adversaire.

Cette figure des dernières années de l'ère Tempyô annonce un changement dans l'expression des sentiments ; la grâce et l'élégance naturelles, qui donnent tant de prix aux œuvres de Nara, s'effacent pour faire place à des images qui indiquent une plénitude de puissance. Au début de l'ère Heian (Kyôto étant la capitale), vers 784, la facture devient rude, bien que les mœurs soient délicates et raffinées ; le statuaire cherche à communiquer le sentiment de l'impénétrable, de l'énergie intérieure. Les Dainichi-Nyorai de la secte Shingon prennent de l'assiette, du volume ; la tête est forte, la physionomie austère. Les traits de Bonten (Brahma) sont durs, très accentués. Il y a comme une surabondance de vitalité matérielle autant que spirituelle.

Fig. 32. — Statue en bois de Senjû Kwannon,
époque Fujiwara.

Fig. 33. — Figure de Bonten (Brahma) en laque séchée,
VIIIe Siècle.

Le gouvernement des Fujiwara commence (850).

Le Japon se détourne de la Chine, de la civilisation des Tang, il oublie les leçons qu'il en reçut. Comme l'architecte, le statuaire s'efforce de créer en dehors de toute influence extérieure. Un maître apparaît : Jôchô. On le tient pour le fondateur de l'Ecole nationale de sculpture. Il fit des centaines de statues dans lesquelles il s'appliqua à reproduire les traits, les attitudes, les gestes des grands seigneurs d'une cour raffinée où l'influence féminine était souveraine. Ses œuvres acquirent de la sorte un grand air de délicatesse et d'élégance.

Dans la seconde période du gouvernement des Fujiwara, c'est-à-dire au milieu du XIᵉ siècle, les sectes s'agitent à la faveur des troubles politiques. Il y a, dans la population, un renouveau de ferveur mystique.

Les sculpteurs ont fort à faire, car chaque maison est devenue un temple.

L'art s'éloigne de la nature. La religion s'est embrumée sous l'influence des sectes ésotériques. On goûte dans une statue l'expression piquante, énigmatique ; on s'éprend d'une apparence de dignité, de gravité.

La représentation de Kwannon, distributeur des grâces d'Amida, le sauveur des hommes, continue d'être en vogue, ainsi que celle de Yakushi, le dieu guérisseur.

Le visage rond et plein de la Kwannon de cette époque respire une austérité mystique. Les bras, au nombre de six, sont disposés suivant un rythme balancé. Ils sont beaux, comme devaient l'être ceux du modèle féminin dont le sculpteur s'inspira. Une partie du torse est dévêtue. De bonne heure, le statuaire japonais montra de l'habileté à traiter les figures demi-nues. Aux IXᵉ et Xᵉ siècles, la nudité est plus marquée, mieux observée ; l'écharpe, le drapé, n'ont pas l'importance qu'ils eurent au temps de Nara ; ils sont négligés, parfois à peine indiqués.

Près d'Osaka, au temple Kwanshinji, on admire une Nyorin-Kwannon du ixe siècle. Suivant la tradition, elle est attribuée à Kôbô-taïshi, fondateur de la secte Shingon. Ses six bras et ses six mains s'équilibrent harmonieusement. Ce sont six gestes distincts, comme six mots formant une phrase au sens unique.

Amida (Amitâbha) le dieu de la « lumière sans limite », de la « vie sans fin » qu'incarne Çakya est représenté sous des aspects multiples. Celui de Hokaiji, dans la province de Kyôto, représente parfaitement le style de l'Ecole Jôchô, au déclin de la période des Fujiwara (xiie siècle). Le visage et le corps du Bouddha ont perdu de leur matérialité, ils n'offrent plus les traits appuyés, le contour ferme qui distinguaient les figures de l'âge précédent. L'expression a quelque chose d'abstrait, de lointain. Mais l'image n'est qu'un élément dans un ensemble qui comprend l'auréole flamboyante et le haut piédestal.

A l'idée décorative s'ajoute une idée sentimentale. On féminise la Kwannon. On fait exprimer à cette divinité secourable toute la tendresse possible, on la pare d'une beauté douce, aimable, empruntée au monde des vivants. Telle est la Senjû Kwannon, « aux mille bras », de Chomeji, près du célèbre lac Biwa, aux environs de Kyôto.

Les fidèles éprouvaient une vraie délectation devant ces représentations touchantes. Habiles au pathétisme, les statuaires leur offrirent une figure jusquelà assez négligée, Kichijoten (Srideva), déesse de la beauté et du bonheur. Ils reproduisirent et varièrent à l'infini ces traits féminins. Kichijoten a une âme vibrante sous une apparence de douceur et de calme.

L'éclectisme de cette époque invite le statuaire à représenter le nombreux monde du Mahâyâna. Parmi les grandes divinités que reproduit le ciseau, citons Kokuzo (Akâçagarbha) qui, par pitié, ouvre au pécheur les portes de l'enfer ; Manjucri, personnification de la sagesse. On voit encore la statue du Bouddha naissant.

Bien qu'orientée vers le mystère, la statuaire ne laisse pas d'être réaliste. Elle reproduit les traits des nobles. Les visages ont de la rondeur, les yeux sont étroits et longs, la robe habille naturellement les corps souples. Puis, sous l'influence de l'art des Song, des accessoires viennent s'ajouter à la statue dans un

Fig. 34. — Statue en bois de Dainichi-nyorai ; époque Fujiwara, IXᵉ Siècle.

but d'ornementation ; des couleurs sont appliquées, ainsi que des filigranes de métal *(kirikane)*.

Citons le Dainichi Nyorai du Koyasan, principale figure de la secte ésotérique (Dainichi Nyorai, c'est Vairocana, un des cinq Bouddha spirituels) ; le Amida du Byôdô-in par le sculpteur Jôchô qui japonisa la plupart des divinités bouddhiques ; le Bishamonten, le gardien du Nord, au Kuramadera, de Kyôto, à la physionomie vive, comme mobile.

L'enseignement de Jôchô se maintient, mais le parti décoratif ou dramatique l'emporte sur l'expression plastique.

La secte Shingon donna à cette même époque (gouvernement des Fujiwara, (850-1150) de l'importance aux divinités terribles. La plus populaire fut Fudô, probablement autre personnification du Dainichi Nyorai, qui a le pouvoir de déjouer les embûches des esprits infernaux. L'expression de Fudô est féroce ; il tient de la main droite une épée pour frapper les démons, de la main gauche une corde pour les garrotter.

A cette classe de divinités se rattachent les deux Ni-ô (Indra et Brahma) chargés d'écarter les démons de la porte extérieure des temples.

IV

Si, au xiie siècle, la secte Zen, protégée par les shogun de Kamakura, enseigne un style architectural très particulier, sa doctrine ne détermine par un renouveau en sculpture. Ses adeptes sont artistes sur le plan intellectuel. Peintres, ils proscrivent les tons vifs, ne se servent que de noirs et de gris ; sculpteurs, ils reproduisent des figures de bonzes, de moines mendiants, d'ascètes, de saints, ils manient un ciseau réaliste, sûr de l'anatomie, faisant jaillir les muscles de leurs divinités, donnant un contour sévère aux attitudes de leurs prêtres en prières, creusant les joues, bossuant les fronts et collant la robe sur les corps émaciés.

C'est l'époque de la statue-portrait. Déjà, dans les années antérieures, le sculpteur avait pris pour modèle des prêtres contemporains (portrait du prêtre Gien et du prêtre Gyôshin, viiie siècle). Mais ce qui était alors exceptionnel devint une mode aux xiie et xiiie siècles (les patriarches de la secte Hossô au musée de Nara ; ceux de Hokuendo, près de Nara, etc.).

Une famille s'illustra dans l'art de la statuaire. Un des disciples de Jôchô, le sculpteur Kokei, dont les fils et petits-fils sont connus sous les noms de Unkei, Tankei et Koen, fut l'ancêtre d'une longue lignée d'artistes, parmi lesquels l'Histoire mentionne encore le nom de Kaikei. Le bois était leur matière préférée.

Ils tentèrent d'abord de revenir à la sculpture de l'époque de Nara, mais ils l'imitèrent avec un esprit soucieux de vérité humaine. Deux courants naquirent de cette interprétation, l'un caractérisé par un réalisme exagéré, brutal, violent, par un style ampoulé ; l'autre par une recherche de l'expression délicate, subtile et finalement par de la mièvrerie.

Les Ni-ô du Todaiji représentent un des meilleurs exemples de cette statuaire qui cherche dans les nœuds des musculatures géantes, dans les facies grimaçants, le secret de l'énergie suprême.

Un des chefs-d'œuvre de l'école de Unkei est le Manjucri que l'on voit au temple de Kofukuji à Nara. Cette statue contraste par son expression sereine et majestueuse avec la truculence des Ni-ô.

La statuaire de Kamakura se plaît encore à créer des groupes de Kwannon ; le même modèle est reproduit à huit, à trente, à mille exemplaires.

Après deux siècles de grande production, l'école dite de Kamakura s'épuisa dans des redites. Ce fut la fin de la grande sculpture religieuse. Car le Bouddhisme avait cessé d'être actif, prépondérant dans les âmes et dans la politique. Un idéal purement temporel guida la société. Sous l'influence prépondérante de Zen, la religion ne porta plus le même intérêt aux représentations plastiques.

Sans doute a-t-on assisté par la suite à des réveils de la foi bouddhique primitive. Mais ces mouvements n'ont pu déterminer une renaissance de la statuaire dont les œuvres de Nara, au VIIIe siècle, marquèrent les débuts magnifiques et qui atteignit son apogée sous le gouvernement des Fujiwara.

Fig. 35.
Statue en bois de Júichimen Kwannon,
deuxième moitié du IXe Siècle.

Fig. 36.
Statue en bronze de Kwannon Bosatsu,
époque Nara, VIIIe Siècle.

L'ŒUVRE D'UNE ÉLITE

Je demandais à un professeur d'histoire des religions asiatiques :

« Pourquoi, depuis le xiiie siècle, le Bouddhisme japonais n'a-t-il plus rien produit d'original dans le domaine de l'architecture et de la statuaire ? »

J'obtins cette réponse accompagnée d'un long sourire :

« Nous n'avons plus eu de saints ! »

Ces temples, ces images ont été, comme les cathédrales du moyen âge européen, l'œuvre d'une élite, de quelques moines savants, de quelques grands esprits.

Les Kôbô, les Hônen, les Enkô, les Shinran, les Dôgen, tous les fondateurs et animateurs de sectes surent traduire, suivant le génie de la race nippone, concepts et sentiments empruntés à la religion continentale. Ils apportèrent dans leurs interprétations artistiques la clarté, la mesure, la simplicité, la grâce qui caractérise ce génie.

En moins de huit siècles, le Bouddhisme japonais exprima tout son contenu spirituel ; la veine artistique s'épuisa ; la race des « saints » s'éteignit.

Toutefois les sectes bouddhiques se maintinrent. Par leur doctrine, par leurs conceptions et leurs attitudes religieuses, elles répondirent à des formes d'esprit et de sensibilité de la population.

Aujourd'hui l'ordre le plus ancien, Tendai, compte 900.000 fidèles et près de 4.000 temples. Celui qui s'empara si bien des esprits aux ixe et xe siècles, Shingon, possède 13.000 temples et a 4 millions d'adeptes. Jôdo groupe 2.500.000 fidèles et compte plus de 8.000 temples et Jôdo-Shinshû, la secte dissidente, est encore plus riche avec 20.000 temples et 13 millions de pratiquants. Tandis que l'église de Nichiren monopolise les adhésions d'un peuple chauvin (1.300.000 membres fréquentent plus de 5.000 temples), les abbayes de Zen avec ses nombreuses branches, en possession de 20.000 temples, sont librement fréquentées par l'aristocratie et les intellectuels.

Il n'est pas une opinion, en morale, en politique, qui ne se rattache de quelque manière à l'enseignement de l'une ou l'autre de ces sectes. Cet enseignement s'enrichit, en outre, d'un apport étranger toujours plus considérable. On a assisté en ces dernières années, sous l'influence du socialisme démocratique et du christianisme, à une renaissance de la religion altruiste, piétiste du moine Shiran (secte Shinshû) ; et précédemment, au moment de la grande vogue des philosophies et de l'impérialisme allemands, on pouvait remarquer un renouveau de la religion conquérante et nationaliste de Nichiren.

L'étude des sectes bouddhiques japonaises, en perpétuelles transformations dans le sens de leurs principes essentiels, donne d'intéressants aperçus sur l'état et l'évolution de l'esprit public.

Le shintoïsme populaire, représenté par treize sectes, est également troublé par la vie du siècle. De même qu'il se fit autrefois une fusion des religions bouddhique et shintoïque, il s'opère à cette heure, dans le cadre des croyances primitives, un amalgame d'éléments religieux très divers.

Bien que pénétré d'un esprit nouveau, tous ces ordres conservent la mémoire du passé. Ils ont le respect, la vénération des monuments anciens.

Quel que soit leur âge, les temples de bois sont dans un état de conservation parfaite. La plupart ont été réédifiés à diverses époques sans grandes modifications. Ainsi le passé architectural revit sur cette terre qui ignore les ruines.

Un temple est un musée. Des statues peuplent les salles, d'autres sont reléguées là où ne pénètre pas le simple visiteur, et il y a dans des coffres cachés des trésors de peintures.

Ce sont les plus précieux vestiges de l'époque des « saints ». Un temple se reconstruit, on ne reproduit pas une statue, une peinture.

L'Etat et l'Eglise bouddhique sont voués à cette tâche magnifique de conservation. Ils la remplissent avec la sollicitude et le goût du collectionneur et avec le souci d'instruire et d'édifier.

Fig. 37. — Statue en bois de Jûichimen Kwannon,
VIIIe Siècle.

Fig. 38. — Statue en bois d'Amida, époque Fujiwara.

Tous les âges sont représentés dans ce vaste ensemble de restitutions monumentales, et l'ordre qui règne dans les temples aide à la compréhension des œuvres de sculpture et de peinture ; enfin, hors du monastère, on retrouve le paysage au milieu duquel ces œuvres ont été produites.

Le Japon offre une exposition permanente de l'art religieux ; il ouvre tout grand le livre de son histoire spirituelle.

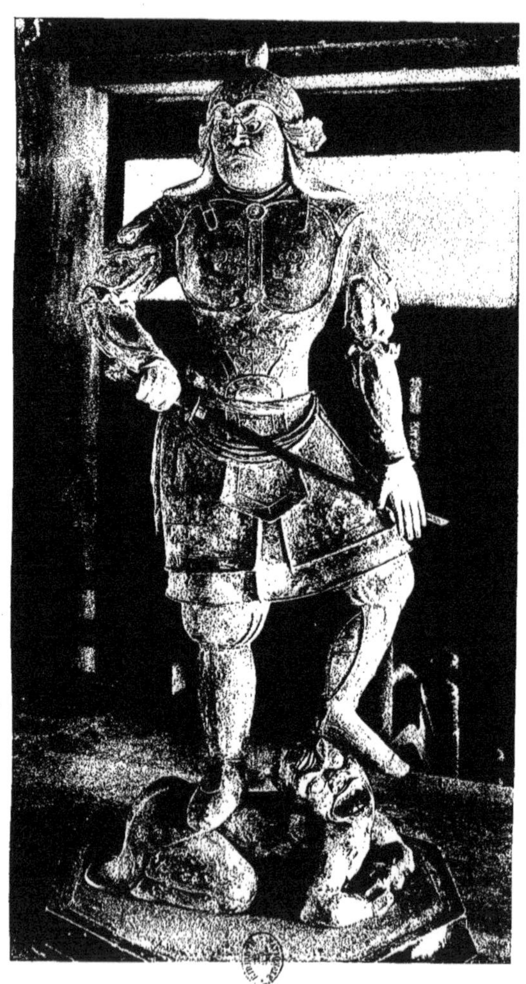

Fig. 39. — Zôchôten, un des quatre rois gardiens; VIIIᵉ Siècle.

FRAGMENTS

LA LÉGENDE ET LE SHINTÔ

Le chemin de Miho-no-Matsubara traverse des groupes de maisons. D'opulentes fleurs sont accrochées aux portes, aux baies, aux clôtures, elles ont la vertu de protéger les habitants de cette région contre les « maladies des jours chauds ». La saison est ici brûlante. Ce sol sablonneux réfléchit intensément lumière et chaleur, les yeux cherchent un repos dans des images fraîches, bouquets de pins, bois de bambous, gerbes d'hortensias. Les sensations auditives aussi sont sèches, dures, et l'on aime à écouter le chant perlé de la vague.

La plage attire un peuple heureux. Entre les contreforts de sable, des enfants jouent, des buveurs de saké, attablés à une maison de thé, contemplent l'eau tranquille à travers l'inclinaison des pins et les gestes des branches, ils parlent sur un ton enjoué, ils rient, élèvent à leurs lèvres les minuscules tasses d'alcool, puis retombent dans le silence. Cette insouciance des hommes s'accorde avec la simplicité du lieu. La nature ici ne s'est pas mise en frais, et cependant tout près une déesse apparut.

Le paysage l'enchanta ; dans son extase elle se défit de son vêtement et le posa sur la branche d'un pin. Un pêcheur survint, s'en empara. « C'est ma robe de plumes, si vous ne la rendez pas, je ne pourrai jamais plus m'envoler ! » Le pêcheur cède à la prière de la fille du ciel, mais il faut qu'elle danse. « Oui ! s'écrie-t-elle joyeuse, je vous révélerai une danse des dieux. »

Elle se couvre de ses plumes, les manches s'animent, les pas vont en cadence, c'est la danse du bonheur parfait, des pays heureux et prospères, c'est, depuis lors, la danse de la riche province de Suruga dont la ville de Shizuoka est la capitale.

Miho-no-Matsubara ! Voici le pin Hagoromo-no-matsu, le « pin de la robe de plumes », sous lequel tant de poètes sont venus... Il est entouré d'une palissade ; à ses côtés, sur un bloc debout, une inscription commémore l'événement légendaire.

Quoi ! dans ce pauvre paysage... Qu'une fille du ciel ait fréquenté des lieux aussi dépourvus de grandeur, voilà qui déconcerte l'Occidental. Le divin, pour se manifester, n'a que faire, au Japon, d'une scène majestueuse... Parfois de Miho, la crête neigeuse du Fuji se découvre dans un tumulte de nuages ou dans l'irrisation crépusculaire, mais cette apparition ne laisse pas d'être familière.

Sable brillant, pins nombreux, aux branches couchées, mer humaine, toujours favorable aux vœux des pêcheurs, voilà Miho et voilà tant de paysages japonais.

*
* *

Le Shintô qui enseigne que Dieu, les hommes et tous les êtres et les choses sont de même essence, choisit pour élever ses temples tel lieu où la nature est d'aspect élémentaire, où chacun se sent de plain-pied avec la divinité. Le Shintô, éloigné de l'idée de miracle, se passe de grandiose. Mais, prônant la clarté, l'ordre, la pureté, cette religion, éminemment sociale, se plaît aussi dans un cadre ordonné, soigné, dans un paysage arrangé.

A Yamada, le jinsha consacré à Amaterasu offre cette physionomie nette et simple, qui est si touchante, des premiers palais rustiques ; dans le parc qui l'entoure, allées, bocages, eaux lustrales, pelouses sont disposés avec un soin méticuleux, avec une solennité officielle.

Les pèlerins se dirigent vers le Naiku, le sanctuaire où l'emblème de la divinité solaire, l'antique miroir, est conservé. L'administration impériale veille sur les dieux nationaux. Elle a établi une barrière devant laquelle s'arrêtent les fidèles. Et tous prient et s'inclinent en face du rideau blanc cachant la porte du temple. De même à Tôkiô, devant les murs de la mystérieuse résidence du souverain, les patriotes fervents ont cette attitude pieuse. Dans leur esprit, les dieux et l'empereur sont sur le même plan.

Fig. 40. — Tamonten, un des quatre rois gardiens célestes; statue en laque séchée, du VIIIᵉ Siècle.

Fig. 41. — Taïshakuten (Indra); statue en bois, première époque Fujiwara, Xᵉ Siècle.

Le Shintoïste n'éprouve pas le besoin de se rapprocher davantage du cœur même du sanctuaire. Il fait en plein air ses dévotions, sous les portiques rouges. Son temple, c'est la nature.

Ce sol où il s'agenouille n'a pas de souillures, et lui-même se purifie avant de s'approcher.

Tout acte qui porte atteinte à la pureté physique est la plus grave offense au Ciel et à la Terre.

Miyajima, « l'île du temple », est l'image de cette pureté, notion essentielle du Shintoïsme.

Au fond d'une anse, le temple et ses dépendances font une tache écarlate. C'est la salle infranchissable du culte, la salle de purification et celle des offrandes, reliées par des passerelles sur pilotis. Une jetée de bois s'avance, dominée par un gigantesque *torii* rouge, que baigne le flot aux heures de la marée.

La nature et l'homme ont collaboré à la création d'un paysage de rêve, aux temps aristocratiques de Heian Kyô. Dans ce léger décor posé sur les eaux, la pensée flotte, s'abandonne. Je songe que les relations avec la divinité doivent être ici d'une infinie douceur...

Fig. 42. — Statue en bois de Nyorin Kwannon; IXe Siècle.

HÔRYÛJI ET NARA — VIIe ET VIIIe SIÈCLES

Il bruine ; l'horizon est gris ; les chemins sont déserts, ils côtoient des rizières interminables, des champs inondés. Sur ce terrain d'aspect fragile, sont bâtis les plus anciens monuments du Japon, des monuments de bois !

Voici Hôryûji, où s'élevait la résidence du réformateur, le prince Shôtoku. C'est donc ici que l'idée chinoise reçut asile et protection... En ce lieu, on ne voit pas de longues théories de fidèles ; les foules religieuses vont ailleurs. Cette porte d'entrée du XIIe siècle, d'une modestie touchante, n'est franchie que par ceux qui savent, par ceux qui se souviennent.

Dix bonzes de la secte Hossoshû, dont les fondateurs vinrent de Chine, desservent le sanctuaire initial. L'un d'eux nous accompagne. Mes yeux ne veulent voir que les monuments de la première époque, la porte du Milieu, le temple Kondô, la pagode à cinq étages, le Yumedono, premier temple de forme octogonale, pur reflet du style chinois Wei, aérien, ordonné, facile... A l'école des bonzes artistes qui vinrent de l'Est, architectes et statuaires nippons dirent, avec une sincérité et une sérénité de néophytes, leur amour des formes mesurées, balancées et des rêveuses figures bouddhiques... Ils interprétèrent toutes les visions qui leur étaient apportées. Sur les murs du Kondô se voient des fresques rappelant celles de Tourfan et de Khotan.

A l'époque suivante dénommée Hakuhô, appartient la pagode Yakushiji dont nous nous sommes approchés par un chemin étroit, à travers la campagne plate, coupée de haies. On ne se lasse pas de contempler cette construction géométrique, aux connexions si claires, cette logique architecturale, de suivre ce rythme musical qui se propage d'étage en étage... Mais j'ai l'impatience de voir l'union plus intime du goût japonais (élégance sobre) et du goût chinois (grandeur). Harmonieuse combinaison d'où se dégagera le style Tempyô... Allons à Tochodaiji, où s'élève le Kondô, le temple d'or (de l'an 757), modèle de ce style, premier éclat de l'art nippon.

En un vaste enclos se groupent, suivant un ordre spirituel, divers bâtiments dont l'ensemble crée une impression de grâce légère. Le moine Kanshin conçut et éleva le Kondô. Rigoureusement équilibré dans son ensemble, il s'ouvre sur une salle où se retrouve un peu de la somptuosité d'autrefois. Le plafond en forme de voûte est décoré de peintures de Boddhisattvas et de « fleurs de paradis ». Sur les murs, sur les colonnes et les poutres, on distingue quelques lignes et des traces de couleurs, tout ce qui subsiste des 3.000 bouddhas religieusement peints. Mais sur l'autel les anciennes statues demeurent : Roshana Bouddha (Varirotchana), Bonten (Brahma), Taishaku (Indra) et les Shitennô (les quatre rois Déva). A quelque distance se cache un autre témoin de la même époque, de l'an 745, le Shinyakushiji.

Ces temples sont perdus dans l'effacement des siècles... Pour visiter celui-ci, où l'on adore le dieu-médecin, il faut aller quérir en telle maison, au bout de l'allée, puis dans telle autre, près de ce boqueteau, les gardiens des clefs.

Nous nous sommes rapprochés de Nara. L'ancienne capitale couvrait l'emplacement de ces rizières. Notre pensée en reconstitue le plan, et mon compagnon m'indique où passaient les voies larges et droites comme dans les métropoles de l'Empire Céleste. Le premier boulevard..., le troisième..., le cinquième... Des grenouilles coassent dans les champs boueux. Au détour d'un sentier, un fossé, de l'eau jusqu'aux bords, entoure un tumulus boisé. Sépulture de l'empereur Suinin, mort 700 ans avant la naissance de Nara... Là-bas, et plus près, et là encore des soulèvements du sol indiquent d'autres sépulcres également saints, ou des tombes de chevaliers, de chambellans fidèles. Maintenant, à travers la grisaille de la pluie fine et lente, je perçois mieux les traits de cette terre. Elle est le linceul d'un peuple de morts. Cette douce mélancolie, ce grave et ce flou des choses, c'est leur ombre qui plane. Là s'est engloutie une civilisation qui avait de la jeunesse l'impatience de vivre et aussi l'application à répéter les leçons du Maître.

Fig. 43. — Muchaku Bosatsu ; statue en bois attribuée à Unkei,
époque Kamakura.

Tous ces édifices sont comme des vestiges émergents. Voici le plus pur visage de ce monde antique, la chapelle Sangatsudô, du « Troisième Mois », devant laquelle s'achève notre pèlerinage. Un moine inspiré du ciel l'a construite, le moine Ryôben qui conçut tout le décor bouddhique de Nara. Sous l'appentis de la maison de thé, vis-à-vis de la chapelle, j'écoute la légende de Ryôben.

Un aigle l'enleva, alors qu'il dormait dans le dos de sa mère. L'oiseau lassé laissa choir son fardeau sur les branches d'un cèdre. Passa un bonze qui recueillit et éleva l'enfant, prodige de foi, d'intelligence, apte à tous les arts. Devenu homme, Ryôben fut l'architecte, le sculpteur préféré d'une Cour fanatique de la nouvelle religion. Il mit tout son génie dans la construction de Sangatsudô.

Les temples du voisinage disparurent, seule la chapelle du « Troisième Mois » a subsisté. On croit que les dieux la protègent. Elle a assisté à la naissance de Nara, à sa grandeur, à son déclin, à l'exode de la Cour à Kyôto, au développement du système architectural, le Tôdaiji, où elle fut incorporée, à l'incendie de cette théorie de temples, à leur reconstruction, à leur destruction lors des grandes guerres féodales du xiie siècle entre les Minamoto et les Taïra, à leur nouvelle édification et sanctification enfin... Elle a tout vu ! Elle est demeurée intacte, impassible. Elle est la mémoire d'une Histoire. Je m'approche d'elle comme d'un être réel, très ancien, toujours jeune !

LE PARADIS D'AMIDA — XIe SIÈCLE

Comme je franchissais le pont de Uji, près de Kyôto, mon compagnon, un jeune étudiant de la ville, tenta de me faire un tableau de la vie de plaisirs des courtisans et courtisanes de Heian, aux IXe et Xe siècles.

« ... Les seigneurs possédaient sur ces bords des villas. Le soir des lanternes s'allumaient dans les jardins. Des barques allaient au fil de l'eau, troublaient les lucioles et se rejoignaient à de doux appels... Sur cette rive se dressaient les villas des seigneurs et leurs temples... »

Le temple Hôwôdô marque aujourd'hui l'emplacement du domaine des Fujiwara, où se réunissaient les princes et la cour ; il était le sanctuaire central d'un ensemble d'édifices, le Byôdô-in, que le feu détruisit.

Le groupe de Byôdô-in fut dédié à la Foi, et Hôwôdô, érigé plus tard, en 1053, symbolisa le paradis d'Amida. L'étang « des huit vertus » est partie intégrante de la composition architecturale, car sur ces bords le temple se pose, les ailes déployées, tel le phénix. Hôwô : phénix. C'est le repos après le vol, le mirage sur l'eau. Autrefois, cette eau reflétait le scintillement des parures du temple, des nacres et des pierreries incrustées dans le bois, des motifs aux couleurs vives. Le phénix a perdu ses atours, mais il a conservé toute sa légèreté aérienne.

Après l'ouverture du pays aux étrangers, quand le Japon, devant le prestige européen, douta de son propre génie, se détourna de ses traditions, Hôwôdô, comme d'autres demeures sacrées, fut livré aux mendiants et aux passants qui le pillèrent. Partout les traces de ce vandalisme passager ont été effacées. Ici, les blessures sont apparentes. Néanmoins, l'intérieur du temple, plein de reflets colorés, comme pailletés, évoque encore le culte brillant de l'époque Fujiwara.

Nous sommes dans un des sanctuaires de la secte ésotérique Mikkyô où, en de nombreux gestes rituels, était exaltée la puissance souveraine de Kongô-Kai, du « Monde de Vajra », force cosmique et mystique, comparable à la foudre et au diamant pour sa pénétration et sa fermeté, communicable au dévot soumis aux incantations.

Voici sous un dais, orné de fleurs métalliques et de grappes nacrées, une statue représentant la divinité de Kongô-Kai, l'Esprit de grande charité. Partout ce ne sont que motifs floraux, qu'instruments de musique, que gestes d'officiants et de déités sculptés et peints.

On sort ébloui, non point par le jour extérieur, mais par cette atmosphère mystérieuse qui, en dépit de tout, s'est conservée là depuis un millénaire.

Je m'éloigne, puis me retourne. Les yeux cherchent aux alentours d'autres édifices, s'étonnent de ne rien découvrir. Hôwôdô, le temple du Phénix, apparaît dans cette campagne comme un décor transporté, et l'on se demande s'il est bien à sa place... Le temps a flétri le paradis d'Amida, les rêves d'autrefois, il a brisé les rapports entre les choses ; le gracieux symbole s'est desséché... Hôwôdô marque l'épanouissement d'une civilisation riante que recouvrit le rude féodalisme du XIIᵉ siècle, d'une civilisation affranchie du continent, purement nippone.

Fig. 44. — Yakushi, le dieu guérisseur et ses deux acolytes Gekko et Nikko;
premières années du XIIe Siècle; Statues en bronze.

KAMAKURA ET LE " ZÉNISME " — XIIIe SIÈCLE

Quelques bâtiments de bois dans le style administratif, si déplaisant, du Japon contemporain. Au seuil, à l'écart, une stèle, une inscription. Sur cet emplacement s'élevait la demeure du shogun Minamoto Yoritomo. Surprise de la découverte ! D'autres indications permettent, avec quelques vestiges, de reconstituer l'ancienne capitale féodale. Là se trouvaient les services gouvernementaux ; ici et là passaient les avenues conduisant au palais ; et voici où se dressaient les portes de la cité.

Kamakura n'était qu'un village quand le premier shogun Minamoto Yoritomo en fit le centre de son gouvernement (1192). Palais, temples, demeures aristocratiques couvrirent les pentes douces des collines jusqu'à la mer. Pendant plus de deux siècles, Kamakura, siège du pouvoir politique, grandit et s'embellit.

Que reste-t-il de ces splendeurs ? Sur la hauteur, au milieu des cèdres et des cryptomérias, le temple dédié au dieu de la guerre, le temple shintoïque Tsurugaoka Hachiman gû, de l'an 1193. Près du rivage, dans la ville moderne, le Daibutsu, le grand Bouddha de bronze érigé en 1252. Haut de quinze mètres, il vit s'écrouler, une nuit de tempête, le sanctuaire qui l'abritait et, depuis lors, il n'eut pas d'autre toit que le ciel. Ce temple monumental, ce Bouddha colossal disent les rêves de suprématie matérielle et morale des grands féodaux. Images d'un temps lointain... Au monastère Engakuji, qui date de l'an 1282, s'est conservé vivant le pur esprit religieux du xiiie siècle, qui donne la clef de l'esthétique sur laquelle repose la civilisation moderne.

En ce monastère, Zen enseigne le repos de l'âme :

« Ne rien voir, c'est le vrai chemin de la vérité ; ne rien faire, c'est la vraie activité ».

Tout s'efface, afin que l'exercice spirituel ne soit d'aucune sorte troublé. L'élément décoratif ne s'impose pas, mais il est, et l'on sent son action subtile, apaisante. Les lignes architecturales ont un rythme posé, tranquille qui prennent et attirent. Dans le silence du parc vétuste, ces temples à petite échelle, ces pavillons couverts de chaume plaisent, comme plaît la voix lasse et souriante du grand abbé :

« Nous accueillons tous ceux dont les idées sont précipitées et confuses, tous ceux qui sont emportés par leur tempérament et ne savent modérer leur cœur. Ils apprennent ici la maîtrise d'eux-mêmes, à ne point s'émouvoir des vicissitudes ».

L'étranger est admis au monastère Engakuji, s'il accepte de se lever à quatre heures, au son de la cloche, de se nourrir de riz sec, arrosé de thé léger, et de méditer tout le jour sur une question proposée par le supérieur.

Il est un enseignement réservé aux initiés, c'est celui même de Dôgen, le grand maître de la doctrine zéniste :

« Disposez un siège de nattes dans un endroit tranquille et pur et posez un coussin par-dessus. Puis asseyez-vous, les jambes croisées, le pied droit sur la cuisse gauche, le pied gauche sur la cuisse droite. Revêtez la robe et la ceinture, mais non trop serrées, et maintenez leur symétrie. Mettez ensuite la main droite, la paume en dessus, sur le mollet de la jambe gauche, le dos de la main gauche dans la paume de la main droite et tenez les pouces de façon que leurs extrémités se touchent. Assis de cette manière, gardez le corps droit, sans le pencher à droite ni à gauche, ni l'incliner en avant ou en arrière.

« Que les oreilles dépassent à peine la ligne des épaules et que le nez soit dirigé vers l'abdomen. Appliquez la langue contre la voûte du palais, serrez les lèvres et les dents. Les yeux doivent rester ouverts et l'haleine passer sans encombre par les narines.

« La position du corps ainsi établie, exhalez profondément votre haleine, puis (après examen de votre attitude) balancez légèrement le corps à droite et à gauche.

« Ensuite livrez-vous à la contemplation de ce qui dépasse l'intellect ».

Chaque branche de Zen a ses méthodes d'entraînement spirituel ; d'où une manière différente d'aménager la nature et de concevoir l'architecture.

Autant à Kamakura le décor est intime, uniforme, discret, autant à Tofu-kuji, près de Kyôto, il est vaste, mouvementé, divers, avec ses portes puissantes, avec ses passages couverts franchissant des ruisseaux, reliant les parties dispersées du monastère, se conformant à l'allure du terrain, avec ses temples robustes et ses sanctuaires profonds devant lesquels le passant est soudainement arrêté comme par le magnétisme d'un regard...

La méditation ici longe des précipices, tombe dans des bas-fonds et finalement découvre le chemin des sommets.

LE MAUSOLÉE — XVII SIÈCLE

Le temple de Kunô-zan est situé au plus haut d'une colline abrupte, sorte de contrefort indépendant des élévations environnantes, dressée face à l'immensité de l'Océan. Ce sommet est aussi l'un des points culminants de l'histoire du Japon.

L'étranger, généralement, s'inquiète peu de l'histoire du Japon, et il néglige Kunô-zan qui est cependant d'accès facile ; mais allons sur cette montagne dont les flancs ont recélé, et contiennent peut-être encore, les restes d'un des plus grands héros de la guerre et de la politique, de Tokugawa Ieyasu (1542-1616) : il assura à l'empire plus de deux cents ans de paix et de bonheur. Inclinons-nous !...

Un prodigieux escalier de pierre épouse le versant maritime du mont et le gravit, suivant une belle ligne sinueuse qui se brise en dix-sept parties égales. Cet escalier est un chef-d'œuvre, un de ces monuments de hardiesse et de patience qu'il était possible d'élever à l'époque où le shogunat exigeait des seigneurs d'incessantes redevances.

L'on monte lentement les larges et longues marches de pierres jointes, et l'on est comme porté par un rythme tranquille... La pensée d'Ieyasu fixa de bonne heure son but et s'y dirigea résolument, d'un pas mesuré et sûr... Les frondaisons des pins et des cèdres font un dôme léger, les branches découpent des parties de ciel bleu, et là-bas, des écharpes d'océan étincellent, les cigales chantent en sourdine, les vagues sur la plage exhalent une plainte. L'on monte, l'on monte toujours... Voici les premières murailles.

Du temple rien ne se découvre encore, mais le dallage du chemin se régularise, un sable soigné couvre l'enceinte, les arbres s'alignent et s'écartent, et tout à coup, portiques écarlates, lanternes de pierre, degrés de granit, entrées de temples se profilent en symétries ascendantes. Harmonies de lignes et aussi de couleurs : dans cinquante ans, songeons-y, ce sera la fanfare visuelle de Nikkô, et déjà ici les ors, les verts, les rouges, les bleus aimés des Tokugawa, se posent en touches vives sur les bois et dans l'entrelacs des sculptures. Tout à l'heure, marche après marche, on avait l'impression d'aller vers un sanctuaire sévère, on songeait aux victoires d'Ieyasu et on les dénombrait comme une succession d'actes farouches, et nous voici émerveillés devant la première floraison de l'art délicat du dernier shogunat !

Non, ce n'est pas ici le temple de la Victoire rude et sombre que ce rocher de Kunô-zan nous faisait pressentir, c'est celui de la Victoire fleurie, souriante qui, durant deux siècles, embauma le Japon !

Des pins sacrés entourés d'une clôture de lattes, sont là comme les gardiens de l'endroit saint. Un prêtre shintoïque passe, en robe blanche immaculée, aux nobles plis ; il dirige des pèlerins vers quelques marches de bois du haut desquelles, dans la profondeur où l'harmonie sombre des ors et des rouges s'unit à la clarté recueillie des veilleuses et aux reflets des bois et des nattes, l'on aperçoit les tablettes d'Ieyasu, près de celles de Nobunaga et de Hideyoshi, ses émules dans la grande œuvre de la pacification heureuse. Trilogie héroïque !... Le prêtre dit la sainteté de Kunô-zan et assure que Ieyasu repose toujours à la cime du mont, que le transfert de ses cendres à Nikkô, l'année qui suivit la mort, ne fut qu'un simulacre. Les pèlerins écoutent gravement, ils suivent leur guide vers le tombeau.

Caché dans un repli du sommet, légèrement penché vers le versant opposé à l'Océan, entouré de la masse pressée des arbres, sur une terrasse de pierres assombries par le temps, un édicule de bronze se dresse. Pierres et bronze, là gît Ieyasu. S'il n'est plus là, qu'importe ! Il avait désigné lui-même ce coin de terre pour sa sépulture, à l'époque où, après avoir transmis le shogunat à son fils, il s'était retiré sur les hauteurs de Kunô-zan.

Kunô-zan, c'est Ieyasu plein de force, Ieyasu, à cinquante ans, qui s'élance, avec ses chevaliers, à la conquête des marécages d'Edo, et c'est Ieyasu à la fin de sa vie de vainqueur, non point brisé par l'effort, mais l'esprit ravi du spectacle de l'empire prospère, uni, l'esprit rassuré sur le sort de son œuvre et dans cet état de béatitude bouddhique, affranchi du monde des illusions. Si le corps du héros n'est plus sous cette cloche d'airain, sa pensée en ces lieux qu'elle élut, apparaît plus distincte qu'à Nikkô. Elle s'y reposa à la fin d'une grande vie et s'y examina. Elle y demeure.

Les pèlerins se prosternent au pied de la terrasse de granit... Dans le silence, sous le feuillage où se jouent des coins d'azur, cette vision sombre et massive de sépulcre, robustement clos, pousse à l'agenouillement.

On se relève le front pesant, on retourne vite vers la perspective colorée, ensoleillée des temples.

	DYNASTIES CHINOISES	EPOQUES JAPONAISES	SECTES JAPONAISES	STYLES
INFLUENCE CORÉENNE	Six dynasties 479-590	Règne de Suiko 593-660		Horyuji
INFLUENCE CHINOISE DIRECTE	Dynastie Soei 590-620	Période Hakuhô 660-728	Les six sectes de Nara	
	Dynastie Tang 620-907	Période Tempyô 729-770		Shomu
		Epoque Fujiwara 850-1150	Tendai et Shingon	Heian Kyo
DEUXIÈME INFLUENCE CHINOISE	Dynastie Song 960-1127	Epoque Kamakura 1190-1333	Zen, Jôdo, Nichiren	Zen
	Dynastie Yuen 1280-1368	Epoque Ashikaga 1333-1550	Jôdo-Shinshu	
	Dynastie Ming 1368-1644	Epoque Momoyama 1582-1598		Momoyama
		Epoque Tokugawa 1598-1868		Edo

TABLE DES FIGURES

ARCHITECTURE

Fig. 1. — Le Kondô de Hôryûji.

Fig. 2. — Le sanctuaire Kasuga.

Fig. 3. — La tour de Yakushiji.

Fig. 4. — Le temple de Miyajima.

Fig. 5. — La chapelle Sangatsudô.

Fig. 6. — La porte de Horyuji.

Fig. 7. — Le temple de Miyajima.

Fig. 8. — Le Hôwôdô à Uji.

Fig. 9. — Le Renge-ô-in.

Fig. 10. — Le Todaiji à Nara.

Fig. 11. — Pavillon de l'époque Kamakura.

Fig. 12. — Le temple d'or à Kyôto.

Fig. 13. — Construction féodale.

Fig. 14. — Le Karamon de Nishihongwanji.

Fig. 15. — Le temple d'argent à Nara.

Fig. 16. — Le Kondô du Tôji.

Fig. 17. — Porte de Higashihongwanji.

Fig. 18. — Maison de thé, fin xvie siècle.

Fig. 19. — Le temple Kiyomizu à Kyôto.

Fig. 20. — Le mausolée de Nikko.

Fig. 21. — Intérieur.

Fig. 22. — Porte de mausolée à Nikko.

Fig. 23. — Intérieur.

SCULPTURE

Fig. 24. — Statue de Kwannon, vi^e siècle.

Fig. 25. —   —   —   —

Fig. 26. —   —   —   viie siècle.

Fig. 27. —   —   —   —

Fig. 28. — Statue de Jûichimen Kwannon, viiie siècle.

Fig. 29. —   —   du moine Kanshin, viiie siècle.

Fig. 30. —   —   de Fudo-Myôô.

Fig. 31. —   —   de Kômokuten.

Fig. 32. —   —   de Senjû Kwannon.

Fig. 33. — Figure de Bonten.

Fig. 34. — Statue de Dainichi-nyorai.

Fig. 35. —   —   de Jûichimen Kwannon.

Fig. 36. —   —   de Kwannon Bosatsu.

Fig. 37. —   —   de Jûichimen Kwannon.

Fig. 38. —   —   d'Amida.

Fig. 39. —   —   de Zôchôten.

Fig. 40. —   —   de Tamonten.

Fig. 41. —   —   de Taïshakuten.

Fig. 42. —   —   de Nyorin Kwannon.

Fig. 43. —   —   époque Kamakura.

Fig. 44. — Le dieu guérisseur.

Les figures 11, 18, 26, 35, 36, 41 sont empruntées à l'album *Zayûkô*, édité par M. Shiga.

TABLE DES MATIÈRES

	Pages
Avant-propos	5
I. Shintoïsme et Bouddhisme	7
II. L'architecture	27
III. Le statuaire	51
L'œuvre d'une élite	67
Fragments	71
La légende et le Shintô	73
Hôryûji et Nara — viie et viiie siècles	77
Le paradis d'Amida — xie siècle	81
Kamakura et le « Zénisme » — xiiie siècle	83
Le mausolée — xviie siècle	87
Dynasties chinoises, époques japonaises, sectes japonaises, styles	91
Table des figures	93

LIMOGES. — IMPRIMERIE A. BONTEMPS